汉译世界学术名著丛书

斐 德 若 篇

〔古希腊〕柏拉图 著

朱光潜 译

商务印书馆
The Commercial Press
创于1897

PLATON

PHÈDRE

本书根据布德学会（Association Guillaume Budé）所印法希对照本《柏拉图全集》选译出，并参考莱意特（J. Wright）和乔伊特（Jowett）英译本《斐德若篇》。

汉译世界学术名著丛书
出 版 说 明

我馆历来重视移译世界各国学术名著。从 20 世纪 50 年代起，更致力于翻译出版马克思主义诞生以前的古典学术著作，同时适当介绍当代具有定评的各派代表作品。我们确信只有用人类创造的全部知识财富来丰富自己的头脑，才能够建成现代化的社会主义社会。这些书籍所蕴藏的思想财富和学术价值，为学人所熟悉，毋需赘述。这些译本过去以单行本印行，难见系统，汇编为丛书，才能相得益彰，蔚为大观，既便于研读查考，又利于文化积累。为此，我们从 1981 年着手分辑刊行，至 2016 年年底已先后分十五辑印行名著 650 种。现继续编印第十六辑、十七辑，到 2018 年年底出版至 750 种。今后在积累单本著作的基础上仍将陆续以名著版印行。希望海内外读书界、著译界给我们批评、建议，帮助我们把这套丛书出得更好。

商务印书馆编辑部

2018 年 4 月

目　　录

斐 德 若 篇

——论修辞术[*]

---

* 副标题为译者所加。

　书中脚注,凡未特别注明者,皆为译注。——译者

对话人：苏格拉底
　　　斐　德　若

苏　亲爱的斐德若，你从哪里来？向哪里去？

斐　我从克法罗的儿子莱什阿斯那里来，到城墙外去散步。因为
　　从天亮起，我就坐在他那里，一直坐了很久。我们的公共的朋
　　友阿库门①也在场，他劝我沿这条大路走；他说这比在院子里
　　走要爽快些。

苏　他说得不错，朋友。看来莱什阿斯是在城里？

斐　是，他跟厄庇克拉特住在一起，就住在靠近奥林普斯天帝庙的
　　莫里侎的那座房子里。②

苏　你们在那里拿什么消遣？莱什阿斯拿他的文章③来款待你
　　们，那是一定的啰？

斐　我可以说给你听，如果你不忙，可以陪我走远一点。

苏　忙！哪里话！你想不到我会像品达④的诗所说的，把听一听
　　你和莱什阿斯的谈话，看作"比一切忙事都较重要"？

斐　那么，跟我一道走吧。

苏　你就开始谈谈吧。

斐　好，我们所谈的倒是你的老题目，我们也是在谈爱情问题。莱

_____

　　①　当时雅典的名医。
　　②　厄庇克拉特也是当时演说家；奥林普斯是希腊一座高山，传说是诸神的居所，
天帝是诸神的首长，叫作宙斯，莫里侎是当时雅典的富豪。
　　③　原文 Logos，原义包含谈话，演说和写的文章三件事，这里用"文章"二字来译，
取中文古义，也包含说的和写的。
　　④　希腊大诗人。

什阿斯写了一篇文章,谈一个美少年受人引诱,而引诱的人却
不是一个有爱情的人。妙处就在这里,他很巧妙地证明应该
接受的倒是没有爱情的人,而不是有爱情的人。

苏　真是一个妙人!我倒愿他说应该接受的不是富人而是穷人,
不是少年而是老翁。总之,让我自己和多数人所有的缺点都
得到优先权。若是他那样说,他的话就会真正有趣,而且有益
于公众福利。我很想听听他的话,纵然你要我陪到墨伽拉①,
像赫洛狄库②所开的方单,步行到那里城墙边,又步行回来,
我都心甘意愿。

斐　你说的什么话,我的好朋友!莱什阿斯是当今最高明的一位
作家,就连他写这篇文章,也要费很久的时间,卖很大的气力;
像我这样一个门外汉,你以为我能把他的文章背诵出来,不糟
蹋他吗?我没有这样的本领,若是有这样的本领,我宁可不要
发一批大财。

苏　啊,斐德若,若是我不懂得你,我就不懂得我自己。可是我懂
得我自己,也就懂得你。我知道很清楚,你听过莱什阿斯读他
的文章,觉得听一遍还不够,要求他读而又读,而且他也很乐
意接受你的要求。后来读得不能再读了,你还是不满足,把那
篇文章从他的手里要过来,好把你心爱的那些段落看而又看;
这样就费了你一上午的工夫,坐久了,疲倦了,你才出来散散
步。可是那篇文章从头到尾你都记得烂熟了,若是它不太长

_____

　　① 墨伽拉是雅典西南的一个城邦,苏格拉底和斐德若正在出雅典西南城,到伊立
苏河边去散步。

　　② 当时的医生和体育家。

的话。你现在是要到城墙外找一个地方，一个人把它再细加研究。在半路上你遇见我这样一个人，也有爱听人读文章的毛病，你就很高兴，以为找到了一个人，可以一同咀嚼这篇文章的滋味，大大快乐一场。所以你就邀我陪你一阵往前走。可是到了这位爱听文章的要你开始念，你却扭扭捏捏的，好像不大愿意。其实你心里正想有人听你，纵然找不到人愿意听，你也要强迫他听。得了吧，斐德若，迟早你是要说的，就快点说吧！

斐　我看我的最好的办法是尽我的能力把这篇文章复述一遍，反正我若是不复述一遍，你绝不肯放我过去。

苏　我的意思你看的很准。

斐　好吧，我尽我的能力来试试。我实在没有把原文个个字记熟，我可以告诉你，苏格拉底。关于莱什阿斯所说的有爱情的人和没有爱情的人的分别，我可以逐条依次说一个大概，我就来从头说起。

苏　好，亲爱的朋友，但是我先要看看你左手拿着藏在衣襟下的是什么，我敢打赌那就是那篇文章。如果是的，我就要请你了解，尽管我爱你，却毫没有意思要听你练习背诵，既然莱什阿斯的文章在这里。拿出来看看吧！

斐　好吧，苏格拉底，我只得招认了。我本来希望利用你来练习我的记忆，你这一下就把这希望打破了。你愿坐在哪里来读它呢？

苏　我们且撇开这条路，转弯沿着伊立苏河走，碰到一个清静地方，我们就坐下休息。

斐　我今天出来没有穿鞋，真凑巧，苏格拉底。你咧，你从来就不

穿鞋。我们最好赤着脚打水里走,沿着河流,在这个时节,尤
其在这个时辰,走水不会不舒适。

苏　就这样办,我们且走且留心找一个坐的地方。

斐　你望见那棵高梧桐树吗?

苏　我望见。怎样?

斐　那里阴凉,有草地可坐,如果我们高兴,还可躺下。

苏　我们就朝那里走。

斐　请问你,苏格拉底,传说玻瑞阿斯抢掠俄瑞堤亚①,可不是就
在伊立苏河的这一带?

苏　依传说是如此。

斐　可不是就在这个地点? 这条河在这里多美多明亮! 我想女郎
们爱在这样的河岸上游玩。

苏　倒不在这地点,还要下去小半里路,在我们过渡到猎神②庙的
地点,那里还有一座玻瑞阿斯的祭坛。

斐　我从来没有注意到它。老实告诉我,苏格拉底,你相信这个神
话吗?

苏　如果我不相信它,倒不算什么荒唐,学者们都不相信这一套
话;我可以用学者们口吻对它加以理性的解释,说她和法马西
亚③游玩时,让一阵北风吹过附近的山崖,跌死之后,传说就
把她当作被风神玻瑞阿斯抢掠去了,或是从此地抢掠去,或是

---

①　玻瑞阿斯是掌北风的神。据传说,他抢掠了希腊一个公主俄瑞堤亚,和她结了
婚,生了儿女。
②　猎神指女神阿耳忒弥斯。
③　俄瑞堤亚的女伴,河神之一。

像另一个传说所说的,从战神山。但是这是学者们的态度。我哩,虽然承认这种解释倒很有趣,可是并不把做这种解释的人看作可以羡慕,要花很多的精神去穿凿附会。要解释的神话多着哩,一开了头,就没有罢休,这个解释完了,那个又跟着来,马身人面兽要解释,喷火兽也要解释,我们就围困在一大群蛇发女,飞马以及其他奇形怪状的东西中间①。如果你全不相信,要把它们逐一检验,看它们是否近情近理,这种庸俗的机警就不知道要断送多少时间和精力。我却没有工夫做这种研究;我的理由也可以告诉你,亲爱的朋友。我到现在还不能做到得尔福神谕②所指示的,知道我自己;一个人还不能知道他自己,就忙着去研究一些和他不相干的东西,这在我看是很可笑的。所以我把神话这类问题搁在旁边,一般人怎样看它们,我也就怎样看它们;我所专心致志的不是研究神话,而是研究我自己,像我刚才所说的;我要看一看我自己是否真是比泰风③还要更复杂更凶猛的一个怪物,还是一种较单纯较和善的神明之胄,呃,朋友,这不就是你要带我到的那棵梧桐树么?

斐　就是它。

苏　哈,我的天后娘娘,这真是休息的好地方!这棵榆树真高大,

---

①　希腊神话中这类人兽杂糅的怪物甚多。当时诡辩家们有一种风气,对神话加以理性的解释,不免穿凿附会。苏格拉底在这里讥笑他们浪费精力。

②　得尔福是阿波罗神庙所在,庙内有一地洞发出硫磺气,女巫坐在洞口让气熏醉,发出预言,是希腊人最相信的。到庙里求预言的人甚多。苏格拉底自己说也曾去求过,预言说他是"希腊人中最有智慧的"。

③　烈风神。一说是喷火巨人。形状甚恶,有一百个头,眼睛和声音都顶可怕。

　　还有一棵贞椒,枝叶葱葱,下面真阴凉,而且花开的正盛,香得很。榆树下这条泉水也难得,它多清凉,脚踩下去就知道。从这些神像神龛来看,这一定是什么仙女河神的圣地哟!再看,这里的空气也新鲜无比,真可爱。夏天的清脆的声音,应和着蝉的交响。但是最妙的还是这块青草地,它形成一个平平的斜坡,天造地设地让头舒舒服服地枕在上面。斐德若,你真是一个顶好的向导。

斐　苏格拉底,你这人真奇怪。你真像你自己所说的,不像一个本地人,倒像一个外方人跟着一个向导。原因是你一向就不出城去到国境以外走一走,甚至连在城墙外散散步也不曾有过,我相信。

苏　是的,你得宽容我一点,斐德若。你知道,我是一个好学的人。田园草木不能让我学得什么,能让我学得一些东西的是城市里的人民。可是你好像发见了什么一种魔力,能把我从城里引到乡间来。一个牧羊人拿点谷草在羊子面前摇摆,那些饥饿的羊子就跟着他走,你也就这样引我跟你走,不仅走遍雅典,而且你爱引到哪里,我就会跟到哪里,单凭你拿的那篇文章做引媒就行了。现在我们既然到达这地点了,我最好躺下来听你,你自己选一块草地,开始把那篇文章读给我听吧。①

_____

　　①　以上叙苏格拉底遇见斐德若,相约出城,由斐德若读莱什阿斯论爱情的文章。苏格拉底说明他的研究兴趣在"自知"和"知人"。

斐　好,请静听:

　　"你已经知道我的情形怎样了,也知道我期望这件事^①的
实现对你我双方都有利益了。现在我就要希望我的请求不至
于因为我不是一个对你有爱情的人,而遭你的拒绝。因为有
爱情的人们一旦他们的欲望满足了,对于所施与的恩惠就觉
得追悔;至于我们没有爱情的人们却不然,我们不会有追悔的
时候,因为我们施与恩惠,不是受情欲的驱遣,而是自由自愿
的,顾到自己的地位能力,也顾到自己的利益。其次,有爱情
的人们要计算为了爱情在自己事业上所受的损失,要计算对
爱人所施与的恩惠,又要计算他所费的心力,就满以为他们对
爱人久已酬劳过分了。我们没有爱情的人们却不然,我们不
能冒充为了爱情而忽略了自己的事业,不能计算过去所费的
心力,也不能埋怨为了爱情而引起家庭的纠纷。我们既然没
有这些不方便处,所以我们就可以自由自在地做讨好对方的
事。再其次,假如你说,有爱情的人比较值得看重些,因为他
声明他爱他的爱人超过爱一切人,只要能讨得爱人的欢心,说
的话和做的事都不怕得罪全世界人。如果这话是真的,这也
只能证明他有着未来的爱人而抛弃现在的爱人,如果那未来
的爱人要他那样做,他会毫不犹豫地伤害现在的爱人。在这
样非常重大的事情上,一个人如果稍有理性,怎样能把自己交
付给一个患恶病的人? 这病连懂得病理的人都不敢诊治,因
为病人自己就承认他的神志不清醒,就承认自己疯狂,自己不

---

　　① 男子同性爱是希腊社会的一个很普遍的现象。这里所谓"这件事"指此,含有
淫猥的意味。

能控制自己。这样人到了神志复原时,回想他在疯狂中所要做的事,会以为那是好事吗? 再其次,没有爱情的人要比有爱情的人多的多,如果你要在有爱情的人们中选择最好的,你就只能在一个很小的数目中选择;如果在有爱情的人们以外,你在世界选择一个最便利于你自己的,你就可以在一个很大的数目中选择,你就更有希望在这大数目中可以找到一个人,值得做你的朋友。

还有一层,如果你怕舆论,怕事情泄露后受人指责,那么,有爱情的人们自然高兴要夸耀他们的胜利,因为旁人以为他们值得羡慕,他们自己也以为自己值得羡慕,他们会大吹大擂地向一切人夸耀他们的心力不曾白费。至于我们没有爱情的人们却不然,我们能控制自己,只讲实惠而不讲虚名。其次,有爱情的人们明目张胆地追求他们的爱人,掩不住人家的耳目,只要他们碰在一起,人们就疑心他们在谈私心话;可是你若是和我们没有爱情的人们在一块交谈,人们看见了,绝不会疑心,他们知道和一个人交谈是常有的事,或是由于交谊,或是为着旁的乐趣。再其次,你忧虑到交情难得长久吧? 你心里想到在通常的情形中,交情破裂了,双方同样觉得不幸,可是在爱情中,你把你看得最珍贵的东西交付给对方了,若是破裂,受更大痛苦的就是你吧? 那么,我就要提醒你,最可怕的是有爱情的人们,因为有许多事可以使他们生气,无论你做什么,他们都以为你故意要和他为难。也正是因为这个缘故,他们想尽方法阻止你和旁人来往,深怕有钱财的人会用钱财赢过他们,有学问的人会用学问打败他们;无论一个人有什么优点,他们都会猜疑那优点对他们有不利。他们劝你脱离了社会,结果使你在世上没有一个朋友;若不然,你想到你自己的利益,不听他的话,还是和旁人来往吧,他们就会寻你争吵,交情就要破裂。至于我们没有爱情的人们却不然,满足了欲望,就算达到了目的,对那些和你来往的人们绝不妒忌,并且对不和你来往的人们还要厌恨,因为我们想,瞧得起你就是瞧得起我们,瞧不起你也就瞧不起我们。我们的看法既然如此,你就一定可以想到:我们的交往只会有恩,不会有怨了。

还有一层,有爱情的人们大半只爱容貌,对于爱人的性格和身世毫不明白,因此,到了欲望已满足的时候,交情就保持不住。至于没有爱情的人们在达到目的之前,先有友谊,目的达到了,友谊也不会冷淡起来,而且往事的追忆会保证来日的交欢。其次,你和我来往,比和有爱情的人们来往,益处要大得多。那批人对爱人的言行一味赞扬,尽管赞扬的不得体,一半因为他们怕得罪爱人,一半因为他们的情欲把他们的判断力弄昏迷了;爱情的圈套就是这样,一件事碰得不巧,在旁人看来本值不得烦恼,有爱情的人们就会烦恼;一件事碰得巧,在旁人看来本值不得高兴,有爱情的人们就会大加赞赏。所以被他们爱的人们实在是可怜,并没有什么可以羡慕的。但是你如果听我的话,头一层,我在和你交往中,绝不只顾目前的欢乐,还要顾到你的未来的利益;我会自作主宰,不让爱情控制住我;也不会为一点小过错就对你大生气,若是大过错,也不过是慢慢地有一点小不快。至于无心之失,我就会宽容;存心犯的过失,我也会设法事先防止。这些地方不是都可以见出我们的友谊可以维持久远吗？如果你以为没有爱情就不能有很深的友谊，你就得想一想，若是那样，儿女父母对于我们就值不得什么，我们也不能有忠心的朋友，因为我们同这些人的团结并不以我们所谈的这种爱情为基础，而是依靠别种关系。

再说恩宠若是应该给追求最迫切的人们，应该受照顾的就不是最好的人而是最穷困的人，因为最穷困的人得到恩宠就偿了最大的心愿，因而也就会怀着最深的感激。正像设酒席待客，应该被邀的倒不是朋友们，而是乞丐们和饿饭的人们，他们会爱戴你，随从你，依傍你的门户，心里最高兴，对你最感激不尽，为你祝福。说到究竟，你应该给恩宠的不是最会讨好的，而是最能感恩图报的；不是只知讲爱的，而是值得爱的；不是只爱你年轻貌美的，而是到老也可以和你共安乐的；不是达到目的就向人夸耀的，而是顾全体面，守口如瓶的；不是苟图一时欢乐的，而是'白头偕老'，始终不渝的；不是恩尽怨来，吹毛求疵的，而是你虽年老色衰，他还忠心耿耿的。记住我的话，还想想这一点：有爱情的人们不免受亲朋指责，说这种交往不体面，没有爱情的人们却从来听不见亲朋们说一句坏话，说他们不顾自己的利益。

你也许要问：我是否在劝你对所有的没有爱情的人们都一律给恩宠呢？我可以这样回答：有爱情的人也不会劝你对所有的有爱情的人们都一律给恩宠；因为就受恩宠者说，漫无选择的恩宠引不起很大的感激；就你说，你怕人知道了要说闲话，人多就不免嘴杂。我们这种交往应该对双方有利，不应该对某一方有害。我想我的话已经说够了。如果你以为还有什

么应该说而没有说,也不妨提出来问我。"①你看,苏格拉底,
这篇文章如何? 从各方面看,尤其是从辞藻方面看,真是一篇
妙文,是不是?

苏　妙得很,我听得神魂颠倒了! 这却要归功于你。斐德若,因为
我看你读它读得神飞色舞,心想对于这种事情你比我要内行,
我就跟着你的榜样,也欢喜得发狂了!

斐　真的? 你在开玩笑吧?

苏　你以为我不认真吗?

斐　别再那样说,苏格拉底。真话是真话,凭着友谊之神宙斯,请
你告诉我,你想希腊还有第二个人对这个题目可以做出一篇
更高妙更富丽的文章吗?

苏　呃,我们在这篇文章里应该赞赏的是作者所说的哪些内容呢?
还只是他的语言简洁精妙呢? 如果该赞赏内容,我不敢赞一
词,你怎么说就怎么好,我只注意到辞藻方面,对内容不配表
示什么意见。至于语言方面,我想连莱什阿斯自己也不会满
意。在我想——我说的不对,你可以纠正——他一句话重复
了两三遍,若不是词不达意,就是他对这种题目根本就没有什
么兴趣。他给我的印象是一个年轻小伙子想显才能,一个意
思可以用两三种方式来说,都是一样好。

斐　你所说的全是废话,苏格拉底! 你所谓重复正是这篇文章的
顶大的优点;这题目中凡是值得说的他没有遗漏一点。所以

---

①　以上是莱什阿斯的文章,他以诡辩家信口雌黄,颠倒是非的方式说明对于一个
爱人,没有爱情的追求者比有爱情的追求者还较好。他纯从个人利害观点出发,把爱
情的目的看作满足感官欲。

　　我说在语言方面,没有人能做得比他更好。

苏　这却是我不能和你同意的。古代有许多哲人,男的和女的,对
　　这类事情说过话或写过文章,如果我因为爱你而随声附和你,
　　他们都会起来指责我。

斐　这些人是谁? 你在哪里听到过比这更好的语言?

苏　我确实听到过,不过我目前说不出是从谁听到过,美人萨福
　　呢? 哲人阿那克瑞翁呢?① 还是一位散文家呢? 我说不出。
　　可是我为什么说听到过呢? 因为我觉得一种神思焕发,如果
　　有必要,我也能做出一篇文章,和莱什阿斯的那篇不同调,可
　　是并不比它差。这些思致无论如何绝不能由我自己的头脑里
　　涌出来,因为我很明白,我是蒙昧无知的。所以我只能推想:
　　这是从外面的来源灌到我耳里去,就像水灌到瓶里去一样。
　　可是由于脑筋的迟钝,我竟记不起在哪里听到的,或是从谁听
　　到的。

斐　呵呵! 居然有这种事! 且不管你在哪里听到的,或是从谁听
　　到的,纵然我很想知道,你也暂不用说,只要你做到你刚才所
　　说的,做一篇文章,用同一题目,同样篇幅,做的不同,可是做
　　得更好。我可以向你打赌,像九“阿康”②一样,在得尔福铸一
　　个和身材一般大的金像,不但替我自己铸,也替你铸一个。

苏　你倒顶慷慨的,斐德若! 不过如果你猜想我认为莱什阿斯所

---

　　①　萨福是公元前7世纪希腊女诗人;阿那克瑞翁是公元前6世纪希腊抒情诗人,
都以爱情诗著名。

　　②　雅典废除僭主专政后,设九个“阿康”(意即执政官)主持国政,他们曾在得尔福
立金像,作为献给阿波罗的纪念品。

说的全不对,我可以另做一篇,和他所说的全不相同,那么,你就未免真是金子铸的了①!最平庸的作家也不至于句句都不对。就拿我们谈的这个题目来说吧,若是不赞扬没有爱情的人们谨慎,指责有爱情的人们不谨慎,谁能做得出文章呢?这些都是题中应有之义,丢掉它们就无话可说。所以我以为对于作者,不用在这方面苛求;对于这一类题目的文章,不必较量里面的意思,只消看这些意思怎样安排。只有对于原无题中应有之义的那类题目的文章,意思才是难能可贵的,在安排之外,我们还须看意思本身。

斐　我承认你说的有理,我就给这个题目让你作出发点,就是说,有爱情的人在神志上不如没有爱情的人清醒。如果你做出一篇文章比莱什阿斯的那篇更富丽,更有价值,而且用不同的说法,我再说一遍,我就用纯金来铸你的像,摆在奥林庇亚和库塞勒斯②的儿子所立的巨像并列。

苏　我和你要好,和你开玩笑,你就认真起来吗?你真以为我要做一篇,来和莱什阿斯这样大才子争胜负吗?

斐　得了吧,苏格拉底!你原来怎样对付我,我现在就要那样对付你,你只有尽力去做你的文章。别让我们要像丑角用同样的话反唇相讥,别让我拿你向我说的话来向你说:"啊,苏格拉底,若是我不懂得你,我就不懂得我自己,你本来想说,却又扭扭捏捏的不肯说。"告诉你吧,你若是不把心里所想的文章说

---

①　"金子铸的"就是"愚蠢"的意思。
②　库塞勒斯是科林斯僭主,他的儿子珀里安德是希腊"七哲人"之一。

出来,我们就待在这里不能走。这里只有你和我,我比你年轻
也比你强壮,想想吧,别逼得我动武!

苏　但是,我的好人,以我这样一个外行,要临时口占一篇文章,来
　　和莱什阿斯那样大作家争胜负,那多么可笑!

斐　别再和我啰嗦了,放明白一点。不然,我有我的办法,让你非
　　说不可。

苏　千万别使用那个办法。

斐　不用! 哼,马上就用! 我的办法就是发一个誓:"我凭你发
　　誓",凭谁? 凭哪一位尊神? 对了,凭这棵梧桐树,"我凭这棵
　　梧桐树发誓,如果你不肯说出你的文章,你就永远不会从我口
　　里听到任何作者的文章,永远不会听到我背诵或是提起!"

苏　坏家伙,你就知道我的心病,酷爱文章如我者就只有向你屈
　　服了。

斐　还有什么旁的花样呢?

苏　没有。你既然发了誓,我怎能抛开这样一件乐事呢?

斐　那么,就请说下去吧。

苏　你知道我预备怎样说?

斐　怎样?

苏　我要蒙起脸,好快快地把我的文章说完,若是我看到你,就会
　　害羞起来,说不下去了。

斐　只要你说,一切都随你的便。①

---

　　① 以上苏格拉底对莱什阿斯的文章作初步的批评,说丢开内容思想暂且不说,它
的布局太乱。斐德若不服,挑苏格拉底用同样题目做一篇较好的文章。

苏　求你们降临啊,声音清妙的诗神们! 你们有这样称呼,也许是
　　由于你们的歌声的特质,也许是由于你们来自利勾那个长于
　　音乐的民族①,求你们保佑我把这位朋友逼我说的故事说出
　　来,使他所忠心崇敬的那位作家显得更可崇敬!

　　　从前有一个漂亮孩子,或者毋宁说,一个美少年,他有很
多的爱人,其中有一个特别狡猾,虽然和旁人一样爱这个少
年,却故意要使这个少年相信他并不爱他。有一天他向这个
少年献殷勤,用这样的话来说服他,说一个没有爱情的人应该
比一个有爱情的人更有理由得到恩宠。下面就是他说的话:

　　　无论讨论什么问题,都要有一个出发点,这就是必须知道
所讨论的对象究竟是什么,否则得不到什么结果。许多人对
于事物本质,都强不知以为知;既自以为知,他们就不肯在讨
论的出发点上先求得到一个一致的看法,于是愈讨论下去,就
愈见分歧,结果他们既互相矛盾,又自相矛盾。现在你和我不
要再犯我们指责旁人的那种错误。我们的问题是:应该得恩
宠的是有爱情的人,还是没有爱情的人? 我们就应该对于爱
情的本质和效能先找到一个你我公认的定义,以后我们讨论
爱情的好处和坏处,就时时刻刻把眼光注在这个定义上。

　　　人人都知道,爱情是一种欲念;人人也都知道,连没有爱
情的人们对于美的和好的东西也有欲念。那么,没有爱情的
人和有爱情的人应该怎样区别呢? 我们须想到我们每个人都

---

　　① 诗神叫作缪斯,共九姊妹,分管各种艺术。在希腊她们有 Ligaean 的徽号,这
字有"清亮"的意思,同时它与 Ligures 形声相近。这是一个好音乐的民族。

有两种指导的原则或行为的动机,我们随时都受它们控制,一个是天生的求快感的欲念,另一个是习得的求至善的希冀。这两种倾向有时互相调和,有时互相冲突,有时甲占优势,有时乙占优势。若是求至善的希冀借理性的援助,引导我们趋向至善,那就叫作"节制";若是求快感的欲念违背理性,引导我们贪求快感,那就叫作"纵欲"。纵欲有多种名称,因为它有多种形式。某一种形式显得特别刺目时,犯那毛病的人就因而得到一个不很光荣的称号。例如食欲若是压倒了理性和其他欲念,就叫作"饕餮",犯这毛病的人就叫作"饕餮汉"。若是饮欲挟暴烈的威力使一个人贪酒,那也有一个称号,用不着说。其他可以由此例推,有一种癖嗜,就有一种名称。我这番话的意旨你大概已经明白了,它是很明显的。不过默契不如言喻,我还是明说为是。有一种欲念,失掉了理性,压倒了求至善的希冀,浸淫于美所生的快感,尤其是受到同类欲念的火上加油,浸淫于肉体美所生的快感,那就叫作"爱情"。

　　亲爱的斐德若,我且暂停一霎来问你一句话,我觉得有神灵凭附着我,你听我诵读时是否也有这样的感觉?

斐　真的,苏格拉底,你的话源源而来,滔滔不绝,倒是不常见的。

苏　别作声,听我说! 这地方像是神圣的境界! 所以在我诵读之中,若是我有时像有神灵凭附着,就别惊怪。我现在所诵的字句就激昂的差不多像酒神歌了。

斐　真的是那样。

苏　这都是你的过错! 且静听下文。也许我感觉要来凭附的那阵迷狂可以过去,不过一切都由神灵决定。我且回到向那位少年谈的话：

好，亲爱的朋友，要讨论的对象究竟是什么，已经说过了，下过定义了。把眼光注在这定义上，让我们来研究研究，有爱情的人和没有爱情的人，对于接受他们的殷勤的人，究竟有哪些好处或坏处。一个人让欲念控制住了，变成快感的奴隶了，就自然想设法从他的爱人方面取得最大限度的快感。他于是就有一种心病，喜欢一切不和他的欲念作敌的，厌恶一切比他优越或和他平等的。因此，他的爱人若是有比他优越或和他平等的地方，他也会不乐意，一定常想设法降低爱人，使她显得比较低劣。愚昧不如聪慧，怯懦不如勇敢，木讷不如雄辩，迟钝不如敏捷。若是爱人有这些缺点以及其他缺点，无论是天生的或是习成的，都是他的情人①所喜欢的，他使本有的缺点变本加厉，未有的缺点逐渐形成，否则他就享受不到那飘忽的快感。因此可想而知，他是很妒忌的，设法不让爱人接近亲友，尤其不让她接近能帮助她形成高尚人格的人们。这样他就使爱人遭到大损害，而最大的损害是不让她接近可以使她在思想上升到最高境界的那些影响。这正是神圣的哲学，情人一定不让爱人接近哲学，深怕自己因此遭到鄙弃。他要用尽方法使爱人完全愚昧，无论什么事情都要靠他。这样，爱人就使情人开心而自己倒霉。总之，说到理智，说到教导合作，从有爱情的人那方面绝对得不到什么好处。

---

① 西文中"钟爱的人"和"被爱的人"有主动和被动之分，各有一字，不能混淆。这里前者译"情人"，后者译"爱人"。在一般情形下，情人是男的，爱人是女的；在希腊"男风"盛行的社会中，情人是年龄较长的男子，爱人是少年男子。

　　说到身体方面,一个不顾善恶只顾快感的情人希望他的爱人有什么样身体,什么样颜色,做什么样打扮呢? 他不是宁可选娇柔脆弱的,不肯要强壮魁梧的吗? 他所要的爱人不是在太阳光里而是在暗室里长大的;向来不知道出力发汗是怎么一回事,吃的全是山珍海鲜;没有天然的健康颜色,全靠涂脂敷粉。这种生活人人都可以想象到的,不用我多说了,我只需总结一句,然后再说别的。这样一种人若是遇到战争,或是遇到任何紧急关头,倒可以提高敌人的勇气,叫亲友们和情人自己吓得发抖!

　　其次,我们来看看在身家财产方面,有爱情的人交接和管教,对爱人会有什么好处或坏处。人人都知道得很清楚,一个情人对于他的爱人所认为最亲爱的,最体己的,最神圣的,父母也好,亲友也好,都一律希望他们灭绝。他心里想,这批人都是些障碍,都是些对他和爱人的欢聚说短评长的家伙! 还不仅此,他还想到一个爱人若是有财产,无论是金钱或是货物,就不容易得到手,到了手也不容易驾驭。因此,他妒忌爱人有财产,等它损失完了,他才高兴。此外,他还希望爱人长久不结婚,没有儿女,没有家庭,因为他想尽可能地长久霸占着爱人,供他自私的享乐。

　　世间的灾殃确是有许多种类的。它们大半还掺杂一点一时的乐趣。比方说谄媚人,本来是很奸险讨厌的,可是当面奉承你的时候,滋味还是不坏。再比方说娼妓,你可以说这类人和她们所做的勾当都是有害的,可是至少在暂时间还能给你很大的快乐。情人对于爱人却不然,他不仅有害,而且天天在面前啰嗦，叫人生厌。老古话说得好："幼有幼朋，老有老伴。"年龄相近的人，我猜想，气味也就相投，友谊就从此产生。可是就连这种友谊过久了也还是腻味。勉强敷衍对于双方都是一种沉重的负担。这种情形在情人和爱人的关系上就坏到极点。照例，情人年老而爱人年轻，说不上气味相投。那年老人日日夜夜都不甘寂寞，受着需要和欲念的驱遣，去从色，香，声，味，触各种感觉方面在爱人身上寻求快感，所以他时常守住爱人，拿他来开心。至于那爱人自己，他能得到什么快感或安慰呢？他看到的是一张起皱的苍老面孔和苍老面孔所带来的一切丑形态，提起来都叫人发呕，而他却迫于情势，非天天受他玩弄不可，他能不极端嫌厌吗？还不仅此，他天天在众人面前受到猜疑的监视和侦察，听些不伦不类的过分的夸奖，也听些责骂。这些责骂，在那老家伙清醒的时候，已够难受，在他醉的时候，就不仅难受，而且到处传遍，叫人更糟心。

还不仅此，情人在有爱情的时候已经是够麻烦讨厌的，到了爱情消失的时候，他就成为失信背义的仇人了。从前他发过许多誓，说过许多好话，允许过许多好东西，借这些花言巧语勉强达到目的，爱人所以隐忍敷衍，是希望将来能得到他所允许的那些好处。可是到了还债的日子，那老家伙变成另样一个人了，爱情和痴狂都已过去，他现在是一位有理性有节制的人了。爱人还不知道，还向他索取报酬，提醒他过去发的什么样的誓，说的什么样的话，满以为他还是和从前一样的人。而他却只有惭愧，既没有勇气说明他已改邪归正，也找不出办法去履行痴狂时代所立的誓约，既然变成有理性有节制了，就不愿故态复萌。他现在只好背弃过去了,非做负心人不可了,蚌壳完全翻一个身了①,从前他追,现在他逃了。至于那爱人咧,迫于需要,还是要央求他,心里常怀怨恨,向老天诉苦。他所以走到这步,是由于在原则上不曾了解他不应接受一个神魂颠倒的有爱情的人,应该接受一个神志清醒的没有爱情的人。若不然,他就不会落到一个没有信义的人手里,那人脾胃又坏,又妒忌,又没趣,损害了他的财产,损害了他的身体健康,尤其是损害了他的心灵的修养——人神所同崇敬的再没有比这种修养更高的。

　　想一想我这番话,美好的少年。要明白情人的友谊不是从善意来的,他有一种瘾,要拿你来过瘾。情人爱爱人,有如狼爱羊。

　　话就是这样,斐德若,我早就说过,我是由神灵凭附来说的,现在话说完了,你不能从我口里再听到一个字了。

斐　还没有完,我想你才说了一半,还有接受没有爱情的人的好处那一半须拿来对仗起来。你为什么停在半路呢?

苏　你没有看到我的声调已由酒神歌体转到了史诗体吗?这还只是谴责,若是还要赞扬没有爱情的人,我会变成什么样呢?你没有觉得我已经由诗神凭附上了吗?这是由于你故意要作弄我。所以我只消补充一句:凡是有爱情的人的坏处,反过来就是没有爱情的人的好处。这就够啦,拖长有什么用处呢?不

---

　　①　希腊人有一种游戏,一人先在场中掷一块蚌壳,看它是阴边还是阳边落地(有如小孩戏铜钱),决定两队游戏人哪一队逃,哪一队追。这里"蚌壳翻身"指爱人原是被追求者,现在却变成追求者,情人则恰相反。

管我说的这番话会有什样遭遇,那是它的遭遇,我却要过河,
打最近的路回家,免得你让我倒更大的霉。①

斐　慢点走,苏格拉底,等着大热气过去再走。你没有注意到现在
　　已快到正午了吗? 正午太阳停在天中央,紧晒着咧。我们且
　　留在这里,谈一谈刚才所说的话。等天气凉爽了,我们再
　　回去。

苏　你对文章的爱好真到了极顶啦,斐德若,我只有惊赞。你的时
　　代倒产生了一些文章,但是没有人能赶上你,催生出那么多的
　　文章,或是你自己口诵的,或是你逼旁人做出的。我看只有忒
　　拜人西密阿斯②是例外,旁人都赶不上你。我看你现在又要
　　把我的另一篇文章催生出来。

斐　呵呵,好消息! 怎样? 这篇是什么?

苏　刚才我正要过河的时候,我又感到那种神旨。那种神旨来临,
　　通常都是禁止我要做的某一桩事。我仿佛听见一种声音在我
　　耳里说,我犯了渎神罪,没有忏悔赎罪,就不能走开。这足见
　　我是一个天眼通,固然不是一个很高明的,也够我自己受用,
　　像一个坏作家看自己的文章对自己是够好的一样。我现在很
　　明显地觉得我犯了罪。谈到通天眼,最会通天眼的倒是人类
　　心灵,斐德若! 我刚才口诵我的文章时,心里就感到一种说不
　　出来的惶恐,像伊比库斯③所说的,怕"求荣于人而得罪于

---

①　以上是苏格拉底的第一篇文章。他戏拟诡辩家的口吻说明有爱情的人的短
处,这种人贪求快感,一味自私,对于爱人的心,身,财产和社会关系三方面都不利。

②　西密阿斯是一位哲学家,写过二十多种对话,已不存。

③　伊比库斯是公元前 6 世纪希腊抒情诗人。

神”。现在我明白我的罪过了。

斐　什么罪过？

苏　你逼我口诵的那篇文章真是罪该万死呀，罪该万死呀！

斐　这话怎样说？

苏　一篇废话，而且多少是一篇谤神的文章！还能比这更可怕么？

斐　如果这篇文章真是像你所说的，倒是顶可怕的。

苏　哼！爱若斯不是阿佛洛狄忒的儿子吗[①]？他不是一个神吗？

斐　至少照传说他是如此。

苏　但是莱什阿斯的那篇文章，和你作弄我从我口里掏出的那篇文章，都没有顾到他是神呀！如果爱若斯是神（他本是神），他就不能是坏东西。可是刚才诵读的那两篇文章都把他描写成为一种坏东西，在这一点上它们都犯了谤神罪。还不仅此，两篇虽都是废话，却都顶巧妙；说的都不是正经话，却充得像说出什么道理似的，来欺哄人们，博得声誉。所以我必须设法赎我的罪。在神话方面犯罪的有一个古老的赎罪法，连荷马都不知道，是由斯忒西科[②]发明的。他由于骂过海伦[③]，瞎了眼，却是不像荷马那样糊涂[④]；他知事识理，懂得他是为什么瞎了，急忙作了一首诗。诗是这样开头的：

---

　　① 据神话，爱神叫作爱若斯（Eros），是女爱神阿佛洛狄忒的儿子，而她又是天帝宙斯的女儿，火神的妻。

　　② 斯忒西科是公元前 7 世纪希腊抒情诗人。

　　③ 海伦是墨涅拉俄斯的妻，希腊最美的女人，爱上特洛亚王子帕里斯，跟他私奔，希腊人引以为耻，发动了荷马在《伊利亚特》里所歌咏的特洛亚战争。

　　④ 传说荷马是一位瞎眼诗人，这里的意思像说他瞎眼是由于把十年战争归罪于海伦的私奔。

　　这番话全不真实！

　　不，海伦，你根本不曾上船，

　　不，你根本不曾到特洛亚！

　　他作完了这首"认错诗"（这就是诗题），马上眼睛就不瞎了。我哩，要比这批人聪明一点，在骂了爱若斯还没有受他惩罚之前，我就要作我的"认错诗"。可是这回我不像刚才诵那篇文章时含羞蒙面了，却要光着头露出面孔了！

斐　呵，呵，苏格拉底，那样我就再快活不过了！

苏　我的好斐德若，这就足见你见出我的那篇文章和你从你的钞本读出来的那篇文章都太不体面了。假使有一个高尚而和善的人在爱着或曾经爱过一个和他一样高尚而和善的人，假使他听到我们念的文章，听到我们谈的那些情人们对爱人们那样妒忌，那样仇恨，那样横加损害，他会怎样想呢？他不会以为我们的爱情观念是从向来没有见过真正爱情的水手们那里沾染来的吧？他对我们指责爱若斯的那番话绝不会赞同吧？

斐　我的老天，他绝不会赞同！

苏　哼，你知道，我没有脸见这样一个人，我怕爱若斯自己，所以我希望再做一篇文章，让它的清泉来洗净刚才那番话的苦咸味。我也要劝莱什阿斯赶快另写一篇，证明在旁的情形相同时，应该给恩宠的不是没有爱情的人，而是有爱情的人。

斐　你放心，他会写！你对有爱情的人颂扬了之后，我一定逼莱什阿斯也用同样题目另写一篇。

苏　我相信你,只要你还保持你固有的性格。①

斐　尽管放心,请你就开始说吧。②

苏　呀,我刚才向他说话的那位美少年到哪里去了?他也应该听听
　　这一篇。如果他不听这篇,我怕他会接受一个没有爱情的人。

斐　他就在你身边,随时听你指使。

苏　那么,美好的少年,你要知道,刚才我念的那篇是密里努人,庇
　　托克利斯的儿子斐德若的话,现在我要念的这篇是希麦剌人,
　　攸费穆的儿子斯忒西科③的话。他的话是这样说的:

　　　　我的话全不真实,说爱人应该接受没有爱情的人,尽管有
　　一个有爱情的人在那里,说这是因为一个是清醒的,一个是迷
　　狂的。如果迷狂绝对是坏的,这话倒还可说;但是也有一种迷
　　狂是神灵的禀赋,人类的许多最重要的福利都是从它来的。
　　就拿得尔福的女预言家和多多那的女巫们④来说吧,她们就
　　是在迷狂状态中替希腊造了许多福泽,无论在公的方面或私
　　的方面。若是在她们清醒的时候,她们就没有什么贡献。再
　　比方说西比尔女仙们⑤以及一般受神灵感召而能预言的人
　　们,对于许多人们都预先指出未来的路径,免得他们走错。像
　　这类事情是人人都知道的,用不着多举了。

　　　　有一件事实是值得引证的,就是古代制定名字的人们不

———————————

　　①　斐德若癖好文章,由本篇可见。

　　②　以上叙苏格拉底翻悔渎谩爱神,要另做一篇翻案文章来赎罪,同时对于前两篇
文章又做一番批评。

　　③　参看第24页注②。动机在认错赎罪,所以归原于斯忒西科。

　　④　求阿波罗预者到得尔福,求宙斯预者到多多那,两地预言都由女巫掌管。

　　⑤　西比尔女仙十人都能预言。

把迷狂（mania）看成耻辱，或是可以拿来骂人。若不然，他们就不会拿这名字加到预知未来那个最体面的技术上面，把它叫作"迷狂术"（manike）。他们所以这样定名，是因为把迷狂看成一件美事，是由神灵感召的。后世人没有审美力，加上一个 t，把它变成 mantike（"预言术"）。这正犹如用鸟和其他征兆来测知未来那个技术，本来是借助于思索，使人"心意"（oiesis）中知道"理"（nous）和"事"（historia），所以古人定名为 oionoistike（"占卜术"）；后世为了要声音好听些，加上一个 o 长音，就把它变成 oiōnistikē（"鸟占术"）了。① 正如预言术在完善程度和在身份地位上都高于占卜术，迷狂也远胜于清醒，像古人可以作证的，因为一个由于神力，一个只由于人力。

其次，有些家族常由于先世血债，遭到灾祸疾疫之类天谴，绵延不绝，有一种迷狂可以找到禳除的方法。这种迷狂附到一些命数预定的人们身上，使他们祷告祈神，举行赎罪除灾的仪式，结果那参加仪式的受灾的人也就进到迷狂状态，找到免除灾祸疾疫的秘诀，从此以后他就永脱各种苦孽了②。

此外还有第三种迷狂，是由诗神凭附而来的。它凭附到一个温柔贞洁的心灵，感发它，引它到兴高采烈神飞色舞的境界，流露于各种诗歌，颂赞古代英雄的丰功伟绩，垂为后世的教训。若是没有这种诗神的迷狂，无论谁去敲诗歌的门，他和

---

① 希腊"预言术"与"占卜术"是两件事，前者由神灵凭附来预示将来祸福，后者凭鸟飞星变之类迹象推断祸福；前者要迷狂，后者要清醒。

② 希腊人迷信罪孽遗传，一人犯了罪，子孙几代都要受惩罚，因此有一种禳灾的宗教仪式。这里说的是第二种迷狂——宗教的迷狂。前面预言的迷狂是第一种。

他的作品都永远站在诗歌的门外,尽管他自己妄想单凭诗的艺术就可以成为一个诗人。他的神志清醒的诗遇到迷狂的诗就黯然无光了。①

由神灵凭附而来的迷狂就有这些美满的效果,还有许多其他在这里说不尽的。所以迷狂并不是可怕的,我们也不要让任何话头吓唬倒,来相信一个神志清醒的比一个痴狂的是更好的情人。话本来不能这样说,相信这种话的人要想胜利的话,他就得证明:老天拿爱情给相爱的两个人,对他们彼此毫无一点益处。至于我们哩,所要证明的却正和这话相反:老天要赐人最大的幸福,才赐他这种迷狂。我的证明不一定能说服弄巧好辩的人们,可是在真正的哲人看,却是千真万确的。第一步我要研究灵魂的本质,无论它是人的或是神的。要知道这方面的真理,先要考察灵魂的情况和功能。②

凡是灵魂都是不朽的——因为凡是永远自动的都是不朽的。凡是能动另一物而又为另一物所动的,一旦不动时,就不复生存了。只有自动的,因为永不脱离自身,才永动不止,而对于一切被动的才是动的本源和初始。初始不是创生的,因为凡是创生的都由一个初始创生而来,而初始本身却不由另

----

① 这段谈诗的迷狂是有名的一段,诗的迷狂即诗的灵感。参看《伊安篇》。

② 希腊文 Pneuma,拉丁文 Anima,法文 Ame,英文 Soul,一字含义甚广,指"生命","生命的主宰",与身体相对的"心","有生命的人或物"。希腊人相信这是可离身体生存而且不朽的,原带有宗教迷信意味,所以译"灵魂",还它的迷信本色。至于单指"心"时则译"心灵",因为古代人看"心"都不脱"灵魂"的意思。我们现代人可以把它作"生命"和"心"去了解。古代人对这东西也有一个唯物的看法,就是把它看作生时有,死时去的那个"气"。

一物创生而来,否则它就不成其为初始。它既不是创生的,就必然是不可毁灭的;因为若是初始毁灭了,它自身就不能无所自而创生,而它物也就不能由它而创生,如果凡物不能不由初始创生的道理是真确的。从此可知:凡是自动的才是动的初始,就其为初始而言,既不能由它物创生,也不能毁灭,否则全体宇宙和万事万物就同归于尽,永不能再有一物使它们动,使它们又开始生存。自动者的不朽既然证明了,我们就可毫不迟疑地说:这种自动性就是灵魂的本质和定义。凡是由它动的物体可以叫作无灵魂的,凡是由自动的物体可以叫作有灵魂的,因为灵魂的性质原来如此。如果自动者确实就是灵魂,它就必然不是创生的,不可毁灭的了。关于灵魂不朽的话这就够了。

至于灵魂的性质,要详说起来,话就很长,而且要有神人的本领,较简易的而且是人力所能做到的是说一说灵魂的形似。我们姑且把灵魂比譬为一种协合的动力,一对飞马和一个御车人。神所使用的马和御车人本身都是好的,而且血统也是好的,此外一切生物所使用的马和御车人却是复杂不纯的。就我们人类来说,御车人要驾驭两匹马,一匹驯良,另一匹顽劣,因此我们的驾驭是一件麻烦的工作。这里我们要问:所谓"可朽"和"不朽"是怎样区别出来的呢?凡是灵魂都控制着无灵魂的,周游诸天,表现为各种不同的形状。如果灵魂是完善的,羽毛丰满的,它就飞行上界,主宰全宇宙。如果它失去了羽翼,它就向下落,一直落到坚硬的东西上面才停,于是它就安居在那里,附上一个尘世的肉体,由于灵魂本有的动力,看去还像能自动,这灵魂和肉体的混合就叫作"动物",再冠上"可朽的"那个形容词。至于"不朽者"之所以叫作"不朽者",却不是人类理智所能窥测,我们既没有见过神,又不能对神有一个圆满的观念,只能假想他是一个不朽的动物,兼具灵魂和肉体,而这两个因素是无始无终地紧密接合在一起的。不过关于这个问题,我们究竟怎样说,最好委之于神。我们姑且只问灵魂何以失去它的羽翼。

羽翼的本性是带着沉重的物体向高飞升,升到神的境界的,所以在身体各部之中,是最近于神灵的。所谓神灵的就是美,智,善以及一切类似的品质。灵魂的羽翼要靠这些品质来培养生展,遇到丑,恶和类似的相反品质,就要遭损毁。诸天的上皇,宙斯,驾驭一辆飞车,领队巡行,主宰着万事万物;随从他的是一群神和仙,排成十一队,因为只有赫斯提亚①留守神宫,其余列位于十二尊神的,各依指定的次序,率领一队。诸天界内,赏心悦目的景物,东西来往的路径,都是说不尽的,这些极乐的神和仙们都在当中徜徉遨游,各尽各的职守,凡是有能力又有愿心的都可以追随他们,因为神仙队中无所谓妒忌。每逢他们设宴寻乐,他们都沿那直陡的路高升一级,一直升到诸天的绝顶。载神的车马是平衡排着的,而且听调度的,所以升起来很容易;但是其他的上升很困难,因为他们的马有顽劣的,若是没有受过御车人的好教练,就会拖他们下降到地

①　希腊神话中有十二位大神,都由宙斯领导。赫斯提亚是其中之一,她是家庭神,终身不嫁,象征贞洁。她留守天宫,所以这里只有十一位神领队巡行诸天。

上，于是灵魂感到极端痛苦和冲突。至于不朽者们到达绝顶时，还要进到天外，站在天的背上，随着天运行，观照天外的一切永恒的景象。

天外境界还没有，也永不会有尘世的诗人来好好地歌颂。我现在要把它描绘一下，因为我必须敢照真理说，既然真理是我的题旨。就在这天外境界存在着真实体，它是无色无形，不可捉摸的，只有理智——灵魂的舵手，真知的权衡——才能观照到它。因此，神的心思，由于从理智和真知滋养成的——以及每个能求合宜滋养的那种灵魂的心思，到了能见真实体的火候——见到事物的本体，就怡然自得，而真理的光辉就成为它的营养，使它发扬光大，一直到天的运行满了一周，带它回到原点的时候。在运行的期间，它很明显地，如其本然地，见到正义，美德，和真知，不是像它们在人世所显现的，也不是在杂多形象中所显现的——这些是我们凡人所认为真实的——而是本然自在的绝对正义，绝对美德，和绝对真知。它既然以同样方式见到一切事物的本体而心旷神怡了，它又回到天内，回到它的家。到了家，御车人把马牵到马房，拿仙露神浆来给它们吃。

神的生活如此。至于旁的灵魂咧，凡是能努力追随神而最近于神的，也可以使御车人昂首天外，随着天运行，可是常受马的拖累，难得洞见事物的本体；也有些灵魂时升时降，驾驭不住顽劣的马，就只能窥见事物本体的局部。至于此外一些灵魂对于上界虽有愿心而无真力，可望而不可攀，只困顿于下界扰攘中，彼此争前，时而互相践踏，时而互相碰触，结果闹得纷纷乱闯，汗流浃背，由于御车人鲁莽灭裂，许多灵魂因此受伤,羽翼也损坏了。费尽大力,看不见真理,这批灵魂就引身远退,于是他们的营养就只有妄言妄听的意见①了。为什么灵魂要费那样大力来求见真理大原呢? 因为那大原上长着灵魂的最高尚的部分所需要吃的草,以高举灵魂为本性的羽翼也要借这种草来滋养。

　　现在就要讲阿德拉斯提亚②的诏命了。凡是灵魂紧随着神而见到事物本体的,一直到下一次运行的开始,都可不受伤害;如果它能常保持这状态,它就可永不受伤害;如果它不顺随神,没有见到事物本体,或是由于不幸,受着昏沉和罪恶的拖累,它就沉重起来,终于失去羽翼而沉到地上。于是它就依一种定律,在第一代里不能投生于任何兽类。如果它对于真理见得最多,它就附到一个人的种子,这个人注定成为一个爱智慧者,爱美者,或是诗神和爱神的顶礼者。这是第一流,第二流的种子成为守法的君主,战士或是长于发号施令者。第三流投生为一个政治家,或者至少是一个经济家或财政家。第四流投生为一个爱好体育的或是以治疗身体为业的。第五流投生为一个预言家或是掌宗教典礼的。第六流最适宜于诗人或其他摹仿的艺术家。第七流为一个工人或农人。第八流为一个诡辩家或煽惑群众者。第九流则为一个僭主。

　　在这九种不同的情况中,凡是依正义生活的以后可以升到一种较好的情况,不依正义生活的以后就要降一级。因为

---

　　① 柏拉图所谓"意见"是和"知识"相对的,前者只是对于现象的未经证实的了解,后者才是对真实本体的理性的认识。

　　② 阿德拉斯提亚是司命运的神。

每个灵魂不过一万年,不能回到他的原来出发点,也就不能恢复他的羽翼,仅有的例外是爱智慧的哲学家,或是以哲学的爱去爱少年人的。他们的灵魂如果连续三次都维持这样生活而不变,到了千年运行一度的第三度,就可以恢复羽翼;到了三千年满了,就可以高飞而去。此外一切灵魂,到第一生终了时都要应传受审,依审判的结果,或是到地下监狱里,为他们的罪过受惩罚,或是飘然升到天上某一境界,过一种足以酬报在世功德的生活。但是到了一千年终了时,这两批灵魂都要回来选择次一生的生活,这选择是全凭自愿的。就是在这种时会,本来是人的灵魂有转到兽类生活的,也有本来是人,由人转到兽,现在又转回到人的。但是向来没有见过真理的灵魂,就绝不能投生为人。

这原因在人类理智须按照所谓"理式"①去运用,从杂多的感觉出发,借思维反省,把它们统摄成为整一的道理。这种反省作用是一种回忆,回忆到灵魂随神周游,凭高俯视我们凡人所认为真实存在的东西,举头望见永恒本体境界那时候所见到的一切。现在你可以明白只有哲学家的灵魂可以恢复羽翼,是有道理的,因为哲学家的灵魂常专注在这样光辉景象②

---

① 柏拉图所谓"理式"(eidos,即英文 idea)是真实世界中的根本原则,原有"范形"的意义。如一个"模范"可铸出无数器物。例如"人之所以为人"就是一个"理式",一切个别的人都从这个"范"得他的"形",所以全是这个"理式"的摹本。最高的理式是真,善,美。"理式"近似佛家所谓"共相",似"概念"而非"概念";"概念"是理智分析综合的结果;"理式"则是纯粹的客观的存在。所以相信这种"理式"的哲学,属于客观唯心主义。

② "光辉景象"指灵魂在上界所见到的绝对的真善美。

的回忆,而这样光辉景象的观照正是使神成其为神的。只有借妥善运用这种回忆,一个人才可以常探讨奥秘来使自己完善,才可以真正改成完善。但是这样一个人既漠视凡人所重视的,聚精会神来观照凡是神明的,就不免被众人看成疯狂,他们不知道他其实是由神凭附着的。

以上所讲的都是关于第四种迷狂。有这种迷狂的人见到尘世的美,就回忆起上界里真正的美,因而恢复羽翼,而且新生羽翼,急于高飞远举,可是心有余而力不足,像一只鸟儿一样,昂首向高处凝望,把下界一切置之度外,因此被人指为迷狂。现在我们可以得到关于这种迷狂的结论了,就是在各种神灵凭附之中,这是最好的一种,无论就性质还是就根源来说,无论就迷狂者本人还是就他的知交来说;钟爱美少年的人有了这种迷狂,就叫作爱情的迷狂。每个人的灵魂,我前已说过,天然地曾经观照过永恒真实界,否则它就不会附到人体上来。但是从尘世事物来引起对于上界事物的回忆,这却不是凡是灵魂都可容易做到的,凡是对于上界事物只暂时约略窥见的那些灵魂不易做到这一点,凡是下地之后不幸习染尘世罪恶而忘掉上界伟大景象的那些灵魂也不易做到这一点。剩下的只有少数人还能保持回忆的本领。这些少数人每逢见到上界事物在下界的摹本①,就惊喜不能自制,他们也不知其所以然,因为没有足够的审辨力。

正义,智慧以及灵魂所珍视的一切在它们的尘世仿影中

---

① "上界事物"是"理式","下界摹本"是由"理式"来的具体事物。

都黯然无光,只有极少数人借昏暗的工具①,费极大的麻烦,才能从仿影中见出原来真相。过去有一个时候,美本身看起来是光辉灿烂的。那时我们跟在宙斯的队伍里,旁人跟在旁神的队伍里,看到了那极乐的景象,参加了那深密教的入教典礼——那深密教在一切深密教中可以说是达到最高神仙福分的;那时我们颂赞那深密教还保持着本来真性的完整,还没有染到后来我们要染到的那些罪恶;那时隆重的入教典礼所揭开给我们看的那些景象全是完整的,单纯的,静穆的,欢喜的,沉浸在最纯洁的光辉之中让我们凝视,而我们自己也是一样纯洁,还没有葬在这个叫作身体的坟墓里,还没有束缚在肉体里,像一个蚌束缚在它的壳里一样。暂且放下回忆不谈吧!因为留恋过去,我的话说得太长了!

我回到美。我已经说过,她在诸天境界和她的伴侣们同放着灿烂的光芒。自从我们来到人世,我们用最明朗的感官来看她,发见她仍旧比一切更明朗,因为视官在肉体感官之中是最尖锐的;至于理智却见不着她。假如理智对她自己和其他可爱的真实体也一样能产生明朗的如其本然的影像,让眼睛看得见,她就会引起不可思议的爱了。但是并不如此,只有美才赋有一种能力,使她显得最出色而且最可爱。

一个人如果不是新近参加入教典礼,或是受了污染,他就很迟钝,不易从观照人世间叫作美的东西,而高升到上界,到美本身。他也不能抱着敬心朝这方向去望,却把自己抛到淫欲

---

① "昏暗的工具"指感官,有肉体蒙蔽,所以昏暗。

里,像畜牲一样纵情任欲,违背天理,既没有忌惮,也不顾羞耻。
至于刚参加入教典礼的人却不然,他所常观照的是过去在诸天
境界所见到的真实体,如果他见到一个面孔有神明相,或是美
本身的一个成功的仿影,他就先打一个寒颤,仿佛从前在上界
挣扎时的惶恐再来侵袭他;他凝视这美形,于是心里起一种虔
敬,敬它如敬神;如果他不怕人说他迷狂到了极顶,他就会向爱
人馨香祷祝,如向神灵一样。当他凝视的时候,寒颤就经过自
然的转变,变成一种从未经验过的高热,浑身发汗。因为他从
眼睛接受到美的放射体,因它而发热,他的羽翼也因它而受滋
润。感到了热力,羽翼在久经闭塞而不能生长之后又苏醒
过来了。这种放射体陆续灌注营养品进来,羽管就涨大起
来,从根向外生展,布满了灵魂胸脯——在过去,灵魂本是
周身长着羽毛的。在这过程中,灵魂遍体沸腾跳动,正如婴
儿出齿时牙根感觉又痒又疼,灵魂初生羽翼时,也沸腾发
烧,又痒又疼。

　　每逢他凝视爱人的美,那美就发出一道极微分子的流(因
此它叫作"情波")①,流注到他的灵魂里,于是他得到滋润,得
到温暖,苦痛全消,觉得非常欢乐。若是他离开了那爱人,灵
魂就失去滋润,他的毛根就干枯,把向外生发的幼毛窒塞住,
不让它们生发。这些窒塞住的幼毛和情波融在一起,就像脉

---

　　① 希腊文 himeros 一词由"向前动","极微分子","流"三个意义合成的。柏拉图
以为一见钟情时,对方发出一种极微液体流到钟情人的灵魂里。这是爱情的一种唯物
的解释。依近代心理学,对方在容貌或其他生理方面有某种特点,刺激了性欲本能,引
起爱的情绪。这里依原文字义译"情波",英译本有干脆译为"情绪"或"欲望"的。

搏一样跳动,每一根幼毛都刺戳它的塞口,因此灵魂遍体受刺,疼得要发狂。但是只要那爱人的美一回到记忆里来,他就转痛为喜了。这痛喜两种感觉的混合使灵魂不安于他所处的离奇情况,彷徨不知所措,又深恨无法解脱,于是他就陷入迷狂状态,夜不能安寝,日不能安坐,只是带着焦急的神情,到处徘徊,希望可以看那具有美的人一眼。若是他果然看到了,从那美吸取情波了,原来那些毛根的塞口就都开起来,他吸了一口气,刺疼已不再来,他又暂时享受到极甘美的乐境。所以他尽可能地不肯离开爱人的身边,不把任何人放在眼里,父母亲友全忘了,财产因疏忽而遭损失,他也满不在意,从前他所引以自豪的那些礼节和规矩,也被他唾弃了。他甘心做奴隶,只要人家允许他,紧靠着他所渴望的人躺着,因为他不仅把他当作具有美的人来崇敬,而且把他看成消灾除病的医生。

我的美好的少年,这番话本是向你说的,这种情感在人间叫作"爱若斯"①,如果我告诉你们怎样称呼它,少不更事的像你当然不免发笑。有两句歌颂"爱若斯"的诗——我想是摹仿荷马的诗人们的手笔,其中第二句很不高明,而且音节也简直不调,这两句诗是这样:

凡人叫他做凭翼而飞的爱若斯;

但神们叫他做羽客,因为他生性能长羽翼。

① 爱若斯(eros)是希腊文,意思是"爱情",参看第 24 页注①。

信不信由你,但是爱的原因和效果却都像这里所说的。

　　如果钟情人从前在宙斯的队伍里站过班,他对以羽翼得名的那个神所加的负担,就可以比旁人负得重些。如果他追随过战神阿瑞斯巡行诸天,现在钟情了,他就会幻想他的爱人对不起他,动了杀机,不惜让爱人和自己同归于尽。追随其他诸神的人们也可以例推。每个人曾经站在那个神仙队里,就尽力尊敬那个神,摹仿那个神,只要他还没有受污染,他的人间生命还在第一代;他和爱人以及一般人的交往态度也就按照他所追随的神的性格。因此,每个人选择爱的对象,都取气味相投的,那被选择的对象仿佛就是他的神,就像他所雕饰的一尊神像,备他供奉祷祝。比如说,宙斯的随从者就找性格像宙斯的爱人,所以要看他在本性上是不是一个哲人,是否宜于督导。他们若找到了这样对象,就钟情于他,尽力使他真正成为哲人,宜于督导。如果他们从前没有做过这种事,现在就开始学习,请教凡是可以赐教的人,或是自己研讨。他们凭自力循路前进,要发见他所追随的那神的性格,通常是能如愿以偿,因为他们不得不聚精会神地凝视那神。到他们从追忆达到那神,就得到他的感发,从他那里学得他们的性格和习惯,凡是凡人所能分取于神的他们都得到了。于是他们就把所获得的这些果实拿给爱人,爱他比从前更深挚。他们从宙斯那里所吸取的甘泉,像酒神的女信士饮酒一样,他们都拿来灌注到爱人的灵魂里,使他尽量类似他们所追随的神。再比如说天后赫拉的随从者所寻求的少年人是有帝王气象的,到寻求到手了,就恰恰按照天后的性格去对付他。阿波罗以及其他诸神的信徒都可以此例推。他们都跟着自己的神的脚步走，找爱人都要他符合那神的性格。找到了这样对象，他们一方面自己尽力摹仿那神，一方面督导爱人，使他在行为风采上都和那神相似。这要看爱人们各人的能力，至于他们对于爱人却不存妒忌，而要尽一切努力使他类似他们自己，也类似他们所尊敬的神。凡是真正能爱的人们用情都是这样完美，如果他们成就了他们的爱情，他们就算参加了神圣深密教的入教典礼，而爱人也从他们手里得到美满的幸福，只要他让爱征服了。他是怎样让爱征服的？请听下文：

在这故事的开始，我把每个灵魂划分为三部分，两部分像两匹马，第三部分像一个御车人。我们现在姑且还依这种划分。你也许还记得，这两匹马之中一匹驯良，一匹顽劣。究竟它们驯良在哪里，顽劣在哪里，我们还没有说明，现在就要说明了。头一匹马占较尊的位置，样子顶美，身材挺直，颈项高举，鼻子像鹰钩，白毛黑眼。它爱好荣誉，谦逊和节制，因为懂事，要驾驭它并不要鞭策，只消劝导一声就行。至于顽劣的马恰相反，庞大，拳曲而丑陋，颈项短而粗，面庞平板，皮毛黝黑，眼睛灰土色里带血红色，不规矩而又骄横，耳朵长满了乱毛，又聋，鞭打脚踢都难得使它听调度。所以每逢御车人看到引起爱情的对象，整个灵魂让感觉惹得发烧，情欲刺戳得他又痒又疼的时候，那匹驯良的马知羞识耻，不肯向那爱人贸然跳去；而那匹顽劣的马却不顾主人的鞭策或刺棍，就乱蹦乱跳，给它的主人和马伴惹出说不尽的麻烦，逼主人向那爱人跑，去追求爱情的欢乐。它的主人和马伴起初对它所怂恿的那种违法失礼的罪行都愤然抗拒,可是后来被它闹得不休,也就顺从了它,让它带着走,做它所怂恿的事了。

因此,他们来到那美少年面前,看见他满面红光。那御车人因而回想起美的本体,回想起她和节制并肩站在一个神座上。他在这幅景象面前一边惶恐,一边肃然起敬,不觉失足向后倒在地上;这一失足猛地把缰子往后一拉,拉得两匹马都屁股坐地,一匹很驯服地不动,另一匹却挣扎个不休。人马倒退了几步之后,那匹驯良的马又羞又惧,浑身汗湿;而那匹顽劣的马在跌倒和被口铁碰击之后刚止了疼,刚喘了一口气,就破口痛骂,骂它的主人和马伴,骂他们懦弱,退了队伍,不守约。它又催他们向前冲,尽管他们不肯,它还是催,他们央求下次再说,它才勉强应允。约定的时候到了,他们装着忘记了这回事,它提醒他们,蹦着叫着拖着要走,逼他们再度到那爱人面前去做同前次一样的提议。后来他们人马快要走到了,它向前低下头,咬紧口铁,死劲向前拖。但是御车人又感到前次的那种情绪,而且更强烈,像赛跑人跑到终点的栅栏一样,向后一倒退,缰子比前次拉的更猛,把那匹顽马的口铁往后猛扯,扯得它口破血流,屁股和腿子都栽在地上栽破了,惹得它只好挨痛。这经验重复了许多次,那匹坏马终于学乖了,丢掉它的野性了,低头贴耳地听御车人的调度,一看到那美的对象就吓得浑身发抖。到了这个时候,情人的灵魂才带着肃敬和畏惧去追随爱人。

因此那爱人受到无限的崇拜,就像是一个神,而那情人并非开玩笑,而是出自真心真意。在爱人方面,他对这个忠仆也自然有一种友谊。虽然在从前他的学友或旁人也许警告过他,说接近情人是不体面的事,因而使他要拒绝情人,可是时过境迁,到了适当的年龄,他就改变态度,准许情人和他来往了。因为坏人和坏人天生注定的不能做朋友,好人也天生注定的只和好人做朋友。他既然接受了情人,听过他的言论,亲近过他的风采,双方的情感就日渐亲昵,他就不免为情人的恩爱所感动,觉得凡是他的亲亲友友对他的友谊加在一起,也万万比不上这位神灵凭附的朋友所给他的恩情。他以后继续亲近那情人,在健身场或其他会场上和他拥抱,于是就有我已说过的那种泉流——宙斯钟情于伽尼弥德①的时候把它叫作"情波"——大量地向情人流注。它一部分注进他身体里面,一部分在他装满之后又流出来了。像一阵风或是一个声音碰到平滑而坚硬的东西就往回窜,窜回原出发点一样,那从美出发的情波也窜回到那美少年,由天然的渠道——他的眼睛——流到他的灵魂。到了灵魂,把它注满了,它的羽翼就得滋润,开始发出新羽毛,这样一来,爱人的灵魂也和情人一样装满爱情了。

　　这样的他在爱了。爱什么呢? 他说不出,也说不出他尝的什么样滋味,为了什么理由。他就像一个人看了别人的沙眼,自己也得了沙眼。他的情人像一面镜子,在这里面他看见了自己的形象,何以如此,他却莫名其妙。情人在面前,像情人自己所曾经验的一样,苦恼就一去无踪影了;情人不在面

---

① 伽尼弥德是希腊神话中最美的少年,替宙斯斟酒。

前,也像情人自己所经验的一样,就渴望能再见。他可以说有
了回爱,或是爱情的返照。他不把这个叫作"爱情",只肯把它
叫作"友谊",可是他情人所想望的他也想望,只是比较淡薄一
点,他也想望见面,接触,接吻,拥抱。以后的情形就可想而知
了。他们俩在同床时,那情人的不受约束的马就有好多话向
主人说,劝他要在一点快活事里得到许多心血的报酬;爱人的
劣马虽不作声,可是热得发烧,莫名其妙地神魂不宁伸出膀子
去抱那情人,吻他,心里想,这也不过像吻一个密友一样。他
们既然拥抱在一起了,情人若是要求什么,爱人也就不至于拒
绝了。但是那另一匹马,那匹驯良的马,却和主人站在一起,
受了贞洁和理性的感召,向那匹劣马进行挣扎抵抗。

　　姑且假定他们的本性中高尚的成分占了优胜,因而让他
们过着有纪律而且有哲学意味的生活,那么,他们在世的时候
就会终身谐和快乐了,因为他们能做自己的主宰,循规蹈矩,
降伏了恶根,开放了善源。到了他们去世的时候,他们就身轻
如燕,举翼升天,在三次奥林庇亚竞赛中,他们得过第一次胜
利了①。这是最大的福分,凡人所能凭人类智慧或神灵迷狂
而得到的福分都莫过于此了。姑且假定和这相反的情形,假
定他们过着一种较粗鄙的生活,不爱智慧而只爱荣誉,那匹劣
马就很可能在沉醉或放肆的时候,趁灵魂不戒备,把他们带到
一个地方,选择凡人以为快乐的事来做。既然做了一回,他们
以后就陆续地做,可是还不敢做的太多,因为他们所做的并不

---

　　①　依希腊惯例,在奥林庇亚竞赛中,摔跤连胜三次才算胜利。

是他们全心全意所抉择的。他们俩也相亲相爱,可是不如上面所说的那两位深挚;他们相依相靠,无论是在爱情旺盛还是在爱情衰竭的时候,因为他们深信彼此已交换过最神圣的信誓,若是有一天因为反目而背弃了那信誓,就不免冒犯神明。到临终的时候,他们固然没有羽翼,可是也并非没有在长羽翼上努过力,他们的灵魂也离开了肉体。这对于他们的爱情的迷狂不算是一个小报酬,因为按照规律,凡是提过脚预备走登天大路的人们,就不至于要走阴间黑路;他们就要手牵着手一阵前行,过着光明而愉快的生活,到了应长羽翼的时候,他们还是长羽翼,为了他们的爱情的缘故。

我的美好的少年,有爱情的人的友谊就能给你这样伟大的神仙福分! 但是如果和没有爱情的人来往,双方的关系就混杂着尘世的小心谨慎和尘世的寒酸打算,结果就不免在爱人的灵魂里养成俗人认作品德的庸陋,注定要在地面和地下滚来滚去,滚过九千年,而且常在愚昧状态里滚。

亲爱的爱神啊! 这是我尽我的能力所能作到的一篇最好的认错诗,我拿它来作为献礼也作为洗罪书。"从各方面看,尤其从辞藻方面看",都是用诗的声调,斐德若使我不得不如此。求你对前一篇文章宽宥,对这篇文章奖掖,求你保佑我,不要生气把你已经给我的那套爱情学问收回,也不要让它有毛病;求你保佑我在美少年们面前比从前更能博得信任。若是在前一篇文章里,斐德若和我说了什么话得罪了你,请你把它记在莱什阿斯的账上,没有他就不会有那篇文章,请你医好他的毛病,不再做这类文章,让他像他的哥哥波勒马库斯①一样,转到哲学方面去。那么,现在也在你面前的他的这位情人就不会像今天这样在两种意见中徘徊,举棋不定,就会全心全意地把生命贡献给爱情和哲学言论。②

斐　我参加你的祷祝,如果这样对我们比较好,我就祷祝我们能像这样。至于你这篇文章,我老早就钦佩不置了,比前一篇做的真要美得多啦! 我恐怕莱什阿斯要显得是小巫见大巫了——

――――――――――――――――

①　波勒马库斯可能是苏格拉底的弟子,《理想国》对话第一部分就是在他家里举行的。

②　以上是苏格拉底的第二篇文章,目的在推翻前两篇文章的论点,说明爱情的神圣,以及爱情与灵魂的关系。这里包含柏拉图哲学的精华,和《会饮篇》的第俄提玛的启示一段有同等的重要。文长意多,又掺杂神话,骤读不易了解,现在把它的脉络理清,以便初学。全文分三大段,每段又常分数节。(一)迷狂的神圣性:前两文诋毁爱情,都以为爱情是一种疯狂状态,所以这里颂扬爱情先从颂扬迷狂出发;(二)灵魂的本质和演变:要明白迷狂的神圣性,我们须进一步了解灵魂:(A)灵魂在本质上是不朽的(意即“神圣的”),用自动的道理证明;(B)灵魂的活动如一人御两飞马(象征理智驾驭意志和欲念)游行,游行顺畅与否,看两马是否驯良,御者是否驾驭有方,神与凡人由此分别;(C)灵魂的巡游(象征生命的经历,学问道德的修养):诸神分队巡行诸天,凡人的灵魂随行;御良马驯者高飞天外,窥见真实本体(真善美诸理式),御与马较差者各随能力所至,愈低所见愈浅;御劣马顽者铩羽堕地,与肉体结合,成为各种高低不同的人物;(D)灵魂的轮回:与肉体结合的灵魂视其修行努力的程度,和羽翼的长短强弱,依一定时限轮回,上升诸天或下堕界;(E)灵魂的记忆:人在世间的感官经验可以唤起投生前巡行诸天时所见真实本体或理式的记忆,因力这些感官经验本是理式的摹本;这种记忆使灵魂复生羽翼,准备再度高飞。(三)爱情的本质与表现:(A)爱情就是因美的感官印象而回忆美的理式时的心理紧张焕发状态,一般人以为它是迷狂,其实是受神灵凭附;在爱情中灵魂吸取营养,滋长羽翼;爱情是对于美的本体的眷恋,所以它就是哲学;(B)爱情的种类随游行诸天时所见深浅而不同,未见理式者美的感官印象只能引起兽欲,曾见理式者美的感官印象引起对于美的崇拜,而且要对所崇拜的对象起教育作用,使他更加完美,逼近神明;(C)修行浅薄者的爱情往往是意志(驯马)与欲望(劣马)的冲突,御者(理智)须能逐渐约束劣马,使它就范,才能克服冲突,达到胜利。从此可知和真正有爱情的人来往是一种很大的福分。

若是他肯另写一篇和你的比赛。我倒不相信他肯。因为就在不久以前，有一位政客攻击他，就抓着他的这个短处，口口声声说他是一个"文章作家"，为顾全他的名誉，他也许不再干这勾当了。

苏　你倒想的怪，我的小伙子！如果你以为你那位朋友那样容易吓唬倒，你就错认了人！同时，你一定相信攻击他的那人说的是真心话？

斐　显然像是真心话。你自己也知道，国内最有名有势的人物都觉得写文章，留下著作给后世人，是很可耻的事，深怕后世人叫他们做"诡辩家"①。

苏　你没有看见，斐德若，那是"甜蜜的转弯抹角"②。你也没有看见，凡是自视甚高的政客们都很欢喜写文章，而且渴望留下著作传到后世。每逢他们写了文章，对赞助那文章的人们特别感激，所以在文章开头就特别加一句声明，说在哪些场合得到了哪些人的赞助。

斐　你的话是什么意思，我不懂。

苏　你不懂？他们在文章开头就把赞助人的姓名写下。

斐　怎样写？

苏　他们这样写："承元老院，承人民，或元老和人民，赞助，由于某

---

①　诡辩家是当时以贩卖知识，教人辩论演说为职业的学者们，他们站在新兴的民主运动方面，所以苏格拉底对他们深恶痛绝。本篇所讥嘲的莱什阿斯就是诡辩家的代表。

②　这句各英译本所据原文有问题，现依罗本的校正文。引语来源不明，意思是说"绕弯子说话，不可靠"。

某人的建议"。建议人就是作者自己,他这样庄重其词地替自己吹嘘一番,然后向那些赞助人显自己的聪明,就写将下去,往往写得很冗长。你看这种作品不就是写的文章吗?

斐　可不就是写的文章! 至少在我看是如此。

苏　如果那篇文章受到喝彩,作者就高高兴兴地离开剧场;如果没有人理睬,他写文章的权利和当写作家的尊严都被剥夺了,他自己和他的同党人就只好哭丧了。

斐　他们确是如此。

苏　很显然的,他们对写文章,不但不鄙视,而且羡慕。

斐　一点也不错!

苏　再说,若是一个演说家或是一个国王既有权势,又有才能,比得上莱科勾,梭伦,或是达柔斯,①能在一国成为不朽的文章作家,他不会当在世时就把自己比作一个神吗? 而且后世人看一看他的作品,不也是这样看待他吗?

斐　确实如此。

苏　既然如此,你想象这样一个人,尽管他多么讨厌莱什阿斯,他会拿写作家当作丑事来骂他吗?

斐　他当然不会,至少是根据你的话来说,若是他骂莱什阿斯,那就等于骂他自己的癖好。

苏　因此,写文章本身并没有什么可丑,这是很显然了。

斐　那有什么可丑呢?

苏　我想写文章可丑,是在写得坏的时候。

---

①　三人是斯巴达、雅典、波斯三国的立法者。法律也是一种文章。

斐　显然是如此。

苏　写作的好坏究竟怎样来确定呢？要研究这个问题，斐德若，我们是否需要根据莱什阿斯，根据凡是写作过的或是有意于写作的人们，无论所写作的是关于国家大事或是个人私事，无论所写作的形式是像诗有韵律或是像散文没有韵律呢？

斐　你问我们是否需要？研究文章是乐事，人活着干吗，若是不为着这样乐事？难道还是为着那些体肤的快乐？这些体肤的快乐都先经过苦痛而后才可以享受，所以说它们是"奴役性的"快乐是很正当的。

苏　无论如何，我们好像还有时间。并且我还有一个想头，那些蝉正在我们头上歌唱，它们的习惯向来就是这样，到正午大热时就唱，我想它们的眼睛在朝你和我看着，若是它们看见我们俩像普通人一样，在正午时就丢下话不谈，只管睡觉，垂下头懒洋洋地让它们的音乐催眠，它们会有理由瞧不起我们，以为不知哪里来了这两个奴隶，找到这泉水旁边来睡午觉，像羊子一样！但是如果它们看见我们谈话，我们的船走过它们像走过莎林仙女们一样，不受它们的清歌诱惑，[①]它们也许要佩服我们，因而就把神们赐给它们的那套迷人的法宝传给我们咧。

斐　什么法宝？我好像没有听见过。

苏　那倒怪，一个诗神的信徒连这样事都没有听见过！故事是这样：从前蝉都是人，诗神降生以前的一种人。后来诗神降生

---

　　①　见《奥德赛》卷十二。莎林仙女们住在一个海岛上，以歌舞诱过客登陆，把他们饿死。俄底修斯乘船过岛时用蜡封住水手的耳，把自己绑在桅杆上，所以免于诱惑。

了,歌唱新出现了,这种人就有些欢喜得要发狂,只管唱歌,忘记了饮食,一直到死为止。就是这批人变了蝉。它们从诗神那里得到一个法宝,一生下地就不须有营养,干着喉咙空着肚皮马上就歌唱,一直到死为止。死后它们就去见诗神们,报告世间哪些人崇拜她们,哪些人崇拜她们中间哪一个。它们向托普西科神报告在合唱队舞蹈中崇拜她的人们,使他们更得她宠爱;向爱剌托神报告爱人们;其余依次例推,向每一个诗神报告她所掌的那一行中崇拜她的情形。向九诗神中年代最长的卡利俄珀以及年纪较次的乌剌尼,她们报告终身从事哲学而且就拿哲学这种音乐来崇拜她们的人们,因为这两位诗神所掌管的是天以及神和人的各种问题,所以发出的声调是最和美的。[①] 斐德若,你看,我们有许多理由不睡午觉,应该谈下去。

斐　好,我们就谈吧。[②]

苏　我们就谈我们刚才提出要讨论的问题,文章的好坏究竟在哪里,无论它是口说的或是笔写的。

斐　顶好,就谈这个。

苏　文章要做得好,主要的条件是作者对于所谈问题的真理要知道清楚。你是否这样看?

─────────────

　　① 九诗神各有所掌,托普西科掌舞蹈和歌唱,爱剌托掌情诗和摹仿舞,卡利俄珀掌史诗,乌剌尼掌天文学。

　　② 以上是苏格拉底说完第二篇文章后的一段插曲。斐德若以为莱什阿斯不敢另做一篇文章来比赛,因为他怕人说他是"诡辩家"或"文章写作家";苏格拉底说明写文章并不是丑事,写得坏才可耻。于是讨论转到文章好坏的问题。

斐　可是关于这个问题,我听到人说的是这样:预备要做辞章家的
　　人丝毫不需要知道真正的正义,只要知道裁判的群众大概认
　　为是正义的;他也不需要知道真正的善和美,只要知道群众所
　　认为善和美的。他们说,说服的效果是从群众意见而不是从
　　真理得来的。

苏　我们不能随便就把一句话抛开,斐德若。它既然是有学问的
　　人们所说的,我们就得研究它是否有点道理。所以你刚才所
　　说的那种话不能置之不理。

斐　当然。

苏　我们且这样来看,假如我要说服你去买一匹马去打仗,可是我
　　们俩都不知道马是什么,只是我知道这一点,就是你斐德若相
　　信马是一种耳朵最长的家畜。

斐　那就荒谬可笑了,苏格拉底!

苏　还不仅此,假如我要好好地说服你,就写一篇文章,写一篇颂
　　驴文,里面就把驴当作马,说它有多么大的价值,无论放在家
　　里使用或是骑着打仗,不但可以骑着打仗,还可以载行李,还
　　可以有许多其他用途。

斐　那就更荒谬可笑了。

苏　一个朋友的荒谬可笑比起一个敌人的凶猛可怕,还要较胜一
　　筹吧?

斐　那是无疑问的。

苏　那么,若是一个辞章家不知道分别好坏,要和一国办交涉,那
　　国人也不知道分别好坏,他要说服他们,做一篇颂文,不是拿
　　驴当马来颂,而是拿坏当好来颂;若是他把群众意见研究透彻

之后,居然说服了他们,使他们做坏事不做好事,你想这种修辞术所种的因会收什样果呢?

斐　当然不会好。

苏　不过我们这样攻击修辞术,是否太粗鲁呢? 修辞术会回答我们说:"你这批聪明老爷们,这番废话有什么用处呢? 我并没有强迫过哪一个人不知真理就去学说话;相反地,我劝告过人,如果我的劝告值得听,要先学得真理然后才来向我请教。有一句话我却敢大胆地说:一个人尽管知道了真理,若是没有修辞术,还是不能按照艺术去说服。"

斐　你看她的申辩有没有道理?

苏　我承认它有道理,不过先要假定有论证可以出庭证明她确是一种艺术。因为我好像听到一些反面论证的声音,在责备她是一个骗子,说她并不是一种艺术,只是一种毫不艺术的蹈袭陈规的玩艺。斯巴达人说的好:"在言辞方面,脱离了真理,就没有,而且也永不能有真正的艺术。"

斐　你所说的论证是哪些? 请它们出庭作证,我们可以审讯它们,看它们说些什么,怎么说。

苏　请出来,美好的论证们,看这位斐德若,他养过和你们一般美好的儿女,请你们说服他:若是他不会哲学,他也就决不会对任何问题能做出好文章。现在就请斐德若和你们对质。

斐　请审问吧。

苏　一般说来,修辞术是用文辞来影响人心的,不仅是在法庭和其他公共集会场所,而且在私人会谈里也是如此,讨论的问题或大或小,都是一样;无论题材重要不重要,修辞术只要运用得

正确,都是一样可尊敬的。你看这个看法对不对? 你所听说
的是不是这样?

斐 不,我所听说的并不是那样! 修辞术主要地是用在法庭,在议
会里也用得着它。我就没有听说过它还可以用在别处。

苏 那倒怪,你没有听过涅斯托和幽立塞斯的修辞术吗? 那是他
们在特洛亚城下做来消磨时光的。还有帕拉墨得斯的你也没
有听过吗?[①]

斐 没有,连涅斯托的也没有听过! 除非你说的是涅斯托,指的是
高吉阿斯;说的是幽立塞斯,指的是特剌什马克,或是忒俄多
洛斯。[②]

苏 也许是如此。我们姑且不管这些人吧。我再问你,在法庭里
原告和被告两方干什么呢? 是不是互相争辩?

斐 一点也不错。

苏 争辩的是是非问题吧?

斐 是的。

苏 若是一个人按照修辞术来争辩是非,他可以把同一件事对同
一批人时而说的像是,时而说的像非,他爱怎样说就怎样说。
是不是?

斐 可不是那样!

[①] 涅斯托和幽立塞斯(即俄底修斯)是荷马史诗中两个多计谋善辞令的人物。帕
拉墨得斯也见于荷马史诗,与幽立塞斯有仇。有一说,他是度量衡的发明人,有几个希
腊字母是他造的。他长于修辞术,却无可考。看下文可知苏格拉底以这些古人的名字
影射当时人。

[②] 高吉阿斯是当时一位诡辩家和修辞家,柏拉图有一篇对话以他为名。特剌什
马克是同时人,也是诡辩家和修辞家。忒俄多洛斯是东方拜占庭的修辞家。

苏　若是政治演说,他会把同一个措施时而说的像很好,时而说的像很坏吧?

斐　不错。

苏　我们也听说过埃利亚人帕拉墨得斯,他运用修辞术使他的听众觉得同一事物像同又像异,像一又像多,像动又像静。①

斐　我确是听说过。

苏　那么,辩论就不仅限于法庭和政治演说了,各种各样言语都用得着这修辞的艺术了——如果真有这种艺术——用她我们就可以使一切可以显得像类似的事物显得类似,并且旁人若是这样做,尽管掩盖的很巧,我们也可以把它明明白白地指出了。

斐　我不大明白你的意思。

苏　我们且这样看,你就会明白了:若是要欺骗人或迷惑人的话,要事物的差异小,还是要它们的差异大呢?

斐　差异小容易迷惑。

苏　对了!若是你慢慢地一步接着一步地从正面走到反面,每一步和前一步差异小,旁人就看不出破绽;若是你一步就转到反面,旁人一眼就看出了。

斐　当然。

苏　因此一个人若想迷惑旁人而自己不迷惑,他就要能精确地辨别事物的同异。

_____

　　①　这是当时埃利亚(Elea)的诡辩派哲学家芝诺(Zeno)的学说,可见帕拉墨得斯的名字就是影射芝诺。实际上这里的引语见出一种朴素的辩证观点。

斐　定要那样才行。

苏　如果他不知道一件事物的真正性质,他能否看出这事物和其
　　他事物的差异是大还是小呢?

斐　那不可能。

苏　那么,人们受了欺骗,所见的和真理相差甚远的时候,都是由
　　于从那真理的小类似逐渐走到它的大不类似,这样就不知不
　　觉地陷到错误里去了。

斐　事情确实如此。

苏　一个人若是有颠倒是非的艺术,用一连串的类似点逐步引旁
　　人入迷途,使他终于把是的看成非的,而他自己却明白哪是是
　　的哪是非的,如果他自己不先就知道每件事物的真正性质,他
　　能否办到这层呢?

斐　不能。

苏　那么,若是一个人不知真理,只在人们的意见上捕风捉影,他
　　所做出来的文章就显得可笑,而且不成艺术了。

斐　那是可想而知的。

苏　我们就来谈谈在你手里的莱什阿斯的那篇文章,和我刚才念
　　的那两篇,看看里面有没有我们所认为合艺术和不合艺术的
　　例证,你看好不好?

斐　那就再好不过了。我们现在实在是悬空来谈,因为没有恰当
　　的例证。

苏　你说的对,并且事情像是很凑巧,那两篇文章都可以做例证,
　　说明一个人尽管知道真理,还可以拿文字做游戏,使听众看不
　　见真理。我的那篇应该归功于这地方的神灵;不然就是诗神

们的代言者,在我们头上的那些歌蝉,给了我的灵感。因为我
知道自己,至少我是不懂修辞术的。

斐　就依你那么说吧,只要你证明你所说的,讲下去。

苏　好,请把莱什阿斯的文章开头一段念出来。

斐　"你已经知道我的情形怎样了,也知道我期望这件事的实现对
你我双方都有利益了。现在我就要希望我的请求不至于因为
我不是一个对你有爱情的人,而遭你的拒绝。因为有爱情的
人们一旦他们的欲望满足了,对于所施与的恩惠就觉得追
悔……"

苏　停住! 我们要指出作者所犯的艺术上的毛病,是不是?

斐　是的。

苏　人人都看得清楚的一点就是:在这类问题上面,有些点是我们
都同意的,也有些点是我们不同意的。

斐　我相信我懂得你的意思,但是你还是把话说明白一点才好。

苏　我们说到"铁"或"银",我们是否都想到同一件东西呢?

斐　当然。

苏　如果说到正义和善,情形怎样? 是不是各人有各人的看法?
是不是互相冲突甚至自相冲突?

斐　一点也不错。

苏　那么,对于某些事物我们能同意,对于另一些事物我们不能
同意。

斐　确实如此。

苏　在这两类事物之中哪一类容易使人迷惑或受欺骗呢? 对于哪
一类事物修辞术有更大的效能呢?

斐　显然是我们没有把握的那类事物。

苏　如果是这样,一个人若是要研究修辞术,他就必须先把这两类
　　事物区别得有条有理,知道每类事物的特性,知道对于哪一类
　　事物群众的思想是很不确定的,对于哪一类是确定的。

斐　很好的分别,抓住这个分别的人倒是有了把握。

苏　其次,我想遇到每一个事例,他都不能出岔子,必须很锐敏地
　　看出他所谈的那种题材属于哪一类。

斐　很对。

苏　那么,你看爱情应该属于哪一类呢? 我们该把它放在确定的
　　那一类,还是不确定的或是可争辩的那一类呢?

斐　爱情显然属于不确定的可争辩的一类,若不然,你想还可能让
　　你说出刚才那番话,一会儿把爱情说成情人和爱人双方的灾
　　祸,一会儿又把它说成他们的大幸福吗?

苏　说的好! 不过还要请你告诉我——你知道,我当时在神灵凭
　　附的状态,现在不大记得了——我在文章开头里替爱情下过
　　定义没有?

斐　你下过定义,而且下的非常之周密。

苏　那么,莱什阿斯可是很不幸了! 阿刻罗俄斯的女儿们以及赫
　　耳墨斯的儿子潘①的修辞术比起莱什阿斯的就要高明多啦!
　　要不然,就是我说的全错了,莱什阿斯在他的文章开头里也就
　　应该让我们对于爱情得到一个明确的概念——他自己所提出

---

　　①　阿刻罗俄斯是河神,他的女儿们是女河神;潘是牧神和乡村神。他们的修辞术
实在就是苏格拉底的修辞术,因为他屡次说他受当地神灵的凭附,才能做出他那两篇
文章,所谓当地神灵就是这些河神和牧神。

的那个概念——然后根据这个概念去安排全文的意思,一直
达到一个合式的结论,他是否是这样做过呢? 请你把他的文
章开头一段再念一遍如何?

斐　随你的意,可是你所找的东西却不在那里。

苏　念着看,看他到底是怎样说的。

斐　"你已经知道我的情形怎样了,也知道我期望这件事的实现对
你我双方都有利益了。现在我就要希望我的请求不至于因为
我不是一个对你有爱情的人,而遭你的拒绝。因为有爱情的
人们一到他们的欲望满足了,对于所施与的恩惠就觉得追
悔……"

苏　毫无疑问,我们所要找的在这里找不到,这位先生并且不在开
头的地方开头,而在收尾的地方开头,好像泅水的人仰着浮,
向头的方向倒退! 你看,他开头所说的那番话是情人要在收
场时向爱人说的话! 亲爱的斐德若,我说的对不对?

斐　倒是真的,苏格拉底,他开头所说的话应该在收尾。

苏　你看其他部分怎样? 各部分是不是像随便拼凑在一起? 你看
有没有一个明显的原则,使下一句就确须摆在下一句的地位,
不能拿别的话摆在那里? 我是不懂得什么的,在我看来,他像
是不管三七二十一,想到什么就写下什么。也许你可以看出
一种修辞的道理,使他的字句段落排成那样的次序?

斐　你若是以为我有那样批判的能力,能看出他的用意,那你就错
认了人啦!

苏　但是你至少要承认:每篇文章的结构应该像一个有生命的东
西,有它所特有的那种身体,有头尾,有中段,有四肢,部分和

部分,部分和全体,都要各得其所,完全调和。

斐　那是无可否认的。

苏　那么,看看你的朋友的那篇文章是否按照这个原则做出来的,你会看出它和佛律癸亚人密达斯①的墓铭没有多大分别。

斐　那墓铭有什么可注意的地方?

苏　它是这样念的:

> 我是青铜雕的女郎,守在密达斯的墓旁,
>
> 只要河水在流,大树在长枝桠,
>
> 我要守着这墓,长年地眼泪汪汪,
>
> 告诉一切过路人,密达斯躺在这一方。

这墓铭的每一行摆在开头或是收尾,都可以随便,我想你已经看出来了。

斐　你在和我们所谈的那篇文章开玩笑!

苏　免得你不高兴,姑且放下那篇文章不谈吧。可是我还相信它里面有许多例子,研究起来很有益处,只是不要摹仿它。现在我们且来谈谈另外那两篇,在我看,它们里面有许多东西,是值得留心修辞术的人们研究的。

斐　你所说的是指什么?

苏　如果我记得不差,那两篇是相反的,一篇说应该接受有爱情的人,一篇说应该接受没有爱情的人。

---

①　密达斯是传说中的大富翁,祈神得点金术,点食物也成金,因而饿死。

斐　它们都做得顶有精神！

苏　你应该说"顶迷狂"。我原来想做到的实在就是迷狂。我们说
　　过,爱情就是迷狂。是不是？

斐　是。

苏　但是迷狂有两种:一种是由于人的疾病,一种是由于神灵的凭
　　附,因而使我们越出常轨。

斐　一点不错。

苏　神灵凭附的迷狂我们分成四种:预言的,教仪的,诗歌的,爱情
　　的,每种都由天神主宰,预言由阿波罗,教仪由狄俄尼索斯,①
　　诗歌由缪斯姊妹们,爱情由阿佛洛狄忒和爱若斯。我们说过,
　　在这四种迷狂之中,爱情要算首屈一指。我们形容爱情的时
　　候,用了一种比喻,其中我们当然也看到了一些真理,但是恐
　　怕也走了一些错路。我们做了一篇颇娓娓动听的文章之后,
　　还用了激昂虔敬的心情歌颂过爱若斯,你的护神也是我的护
　　神,一切美少年都在他的庇荫之下。

斐　我听到那歌颂心里颇愉快。

苏　我们现在要研究这文章本身,看看它何以能从贬责转到赞扬。

斐　你的意思怎样？

苏　我认为这篇文章在大体上只在开玩笑,不过在信手拈来之中
　　倒有两个明显的法则,各有它的功能,颇值得我们求得一个系
　　统的了解,假如我们能的话。

斐　什么法则呢？

---

①　阿波罗是预言神,掌文艺和预言;狄俄尼索斯是酒神,希腊宗教起于酒神崇拜。

苏　头一个法则是统观全体,把和题目有关的纷纭散乱的事项统摄在一个普遍概念下面,得到一个精确的定义,使我们所要讨论的东西可以一目了然。我们刚才讨论爱情时就应用了这个法则,我们把爱情的本性下了定义,无论做的好坏,这篇文章的明晰和始终一致却要归功于这个定义。

斐　另一个法则是什么呢?

苏　第二个法则是顺自然的关节,把全体剖析成各个部分,却不要像笨拙的宰割夫一样,把任何部分弄破。我们刚才那两篇文章就应用了这个法则,先把心理迷狂看作一个全体,犹如全体有左右四肢,我们也就把心理迷狂分成左右两部分,再就左边部分细加分析,一直到不能再分析为止,发现其中有一种左爱情,我们对它加了应得之罪;然后在第二篇文章里照样分析右边的迷狂,结果发见一种也和左爱情一样叫作"爱情"的原素,可是实在是相反的,是一种神圣的爱情,我们把它放在眼前凝视,把它赞扬为人类最大福分的根源。

斐　真的是那样。

苏　就我这方面来说,我所笃爱的就是这两种法则,这种分析和综合,为的是会说话和会思想。不仅如此,若是我遇见一个人,他能如其本然地看出一和多①,我就要追随他,"追随他的后尘像追随一个神"。凡是有这种本领的人们,我都一直把他们

---

①　这里"一"是综合得来的概念或原理,"多"是分析得来的要素或个别具体事例。"如其本然地看出一和多"就是哲学的任务。

　　叫作"辩证术家"①;叫的对不对,只有天知道。请你告诉我,
　　你和莱什阿斯这一派门徒该叫作什么呢? 你们所用的是不是
　　特刺什马克那班人所用的修辞术呢? 那班人用这种修辞术,
　　不但自己会说话,还教会他们的学生们都会说话,只要这些学
　　生们肯送他们的礼物,把他们奉承得像皇帝一样。

斐　他们倒真是一批皇帝气派的人物,不过他们确实不懂得你现
　　在所讨论的方法。你把这种方法叫作"辩证术",在我看,这似
　　乎是对的;不过修辞术是什么,我们似乎还没有抓住。②

苏　你指的是什么? 此外还有一种不通辩证术而可学得的好学问
　　吗? 若是有,你我当然不能轻视它,我们且来看看此外剩下给
　　修辞术的究竟还有些什么?

斐　多得很,苏格拉底,只要你翻一翻关于修辞术所写的书籍!

苏　真的,谢谢你提醒我! 如果我记得不错,第一个就是"序论",
　　一篇文章开头就应该有它。这就是你所谓"艺术的点缀"吧?

斐　是的。

苏　其次就是"陈述",跟着又是相关的"证据",第三是"证明",第

---

　　①　苏格拉底或柏拉图的"辩证术"在本文有了明确的定义,它用综合与分析,研究
现象与规律,感觉与概念的关系,目的在求牢不可破的真理。
　　②　以上是论修辞术三大段中的第一大段。在这段里苏格拉底攻破当时诡辩派所
用的修辞术,建立他自己的修辞术。诡辩派修辞术的目的在利用听众的弱点,投合捕
风捉影的意见,用似是而非的论调强词夺理,姑且博得听众的赞许;苏格拉底的修辞术
却要寻求事物的本质真理,用综合分析的方法,见出现象与规律,感觉与概念的关系,
所以先要对所讨论的事物下定义,然后加以分析,将所含道理做妥善的安排。这其实
就是"辩证术"或哲学。他用前面三篇论爱情的文章为例来说明这个分别。依他看,辩
证术以外就无所谓修辞术。斐德若没有明白这道理,所以还在问修辞术是什么。

四是"近理"①；此外如果我记得不错，还有"引证"和"佐证"，根据那位咬文嚼字的拜占庭人所说的。

斐　你是不是指赫赫大名的忒俄多洛斯呢②

苏　不错。他还告诉我们怎样用"正驳"之后用"附驳"，无论是控诉还是辩护。此外还有一位了不起的帕若斯人厄文努斯首先发明"暗讽"和"侧褒"。还有人说，他把"侧贬"做成韵文，使人容易记忆。真是聪明人！我们也不要忘记提西阿斯和高吉阿斯，他们看出"近理"比"真理"还更要看重，他们借文字的力量，把小显得很大，把大显得很小，把新说得像旧，把旧说得像新；他们并且替每种题材都发明一个缩得很短和拖得极长的办法。可是有一次我和普若第库斯谈起这个办法，他付之一笑，据他说，只有他才发见了文章的秘诀：合于艺术的文章既不能太长，也不能太短，要长短适中。

斐　普若第库斯真是绝顶聪明！

苏　还有希庇阿斯，我们能丢开他不谈吗？我相信普若第库斯和他是站在一起的。

斐　不错。

苏　还有泡路斯，他有一大堆法宝，谐声体啰，格言体啰，绘象体啰，还有他的老师利昆纽斯所赠送给他的《词汇学》，备他写《文字之美》时参考。

---

①　"近理"并非"真理"，是指在某种情况下，某件事可能发生与否，说它发生，是否能自圆其说。

②　忒俄多洛斯见本书第 51 页注②。以下所提到的诸人都是当时的诡辩家或修辞术课本的作者，原书多已失传。

斐　苏格拉底,普罗塔哥拉不也做过这种研究么?

苏　对的,年轻人,他做过一部《文字之精确》,还有许多其他好东
西。说句老实话,若是谈到"穷""老"之类问题可以引人落泪
的话,我看本领最大的莫过于那位考尔塞顿的大人物了①。
他也很会激起群众的情绪,激动起来之后,他还有方法使它平
静下去,借他的迷人的声调,据他自己说。对于毁谤和破毁
谤,他也很在行,用不着什么根据。不过丢开这些来谈文章收
尾吧,一般人都承认在收尾时应该有一段"复述",不过名称有
时不同。

斐　你说的是"总结",在文章收尾时把全文所说到的提要再说一
次来提醒听众?

苏　正是。关于修辞术,你还有什么别的可说呢?

斐　此外还有一些琐碎的玩艺,值不得说了。

苏　既然是琐碎的玩艺,就丢开不谈吧。我们且把已经提到的那
些,看看它们在艺术上有什么性格和功用。

斐　它们的功用倒是很不小,苏格拉底,至少是用在公众会议的
时候。

苏　小是不小,但是我的好朋友,我看它们有许多破绽,请你也仔
细看看它们是否如此。

斐　你指给我看吧。

苏　好,请问你,"假如一个人拜访你的朋友厄里什马克或是他的
父亲阿库门,向他们说:我知道一些处理身体的方法,要它发

————————————

① 即特剌什马克。

热它就发热,要它发冷它就发冷;我要人吐就吐,要人泻就泻,
这类方法我知道的还很多。既然有这些知识,我敢说我能行
医,并且能教旁人行医,只要我肯把这些知识传给他们。"你想
他们听到这番话之后,会怎样回答他呢?

斐　他们当然要问他除此以外,是否还知道那样病人在哪些病况
　　之下该受哪样处理,并且用多少分量。

苏　假如他回答说:"这些我全不知道,可是我指望我的学生跟我
　　学得我所说的那些方法之后,自己会临机应变",他们会怎
　　样说?

斐　他们一定说:这个人是疯子,他读过一点医书或是碰见一些诊
　　方,就自以为是个好医生,其实对于医道全是外行。

苏　再假如有一个人去看索福克勒斯和欧里庇得斯,[①]向他们说:
　　"我能随意就小事情做很长的演辞,就大事情做很短的演辞;
　　我并且能随意写出悲惨的或恐怖的语调;此外我还会许多同
　　样的玩艺。我若是拿这些东西教人,就可以使人有做悲剧的
　　能力了。"

斐　他们也会笑他,我想,苏格拉底,笑他不知道悲剧要把这些要
　　素安排成一个整体,使其中部分与部分以及部分与全体都和
　　谐一致。

苏　不错,不过他们也不会很粗暴地骂他,他们会像一个音乐家碰
　　见一个人自以为会调音协律,因为他碰巧会在一根弦子上弹
　　出最高的音和最低的音。那音乐家不会很粗野地向这个人

---

①　希腊的第二个和第三个大悲剧家。

斐 德 若 篇

说:"你这倒霉蛋,你疯了!"他会用音乐家的风度向他说:"我的好朋友,一个人若是想会调音协律,固然要知道这些,但是一个人知道了你所知道的这些,还是可以对调音协律完全外行,因为你所知道的这些是调音协律的初步,而不是调音协律本身。"

斐　这样回答确是很得体。

苏　索福克勒斯也会这样回答那位卖弄悲剧的人,说他所知道的是悲剧的初步,而不是悲剧的本身;阿库门也会这样回答那位卖弄医道的人,说他所知道的是医道的初步,而不是医道本身。

斐　一点也不错。

苏　假使言甘如蜜的阿德剌斯托斯,或是伯里克理斯①,听到我们刚才所列举的那些修辞的奇方妙诀,什么格言体,绘象体以及我们认为应该研究明白的那种种体,他们会怎样说呢?他们对于以为这些伎俩就是修辞术,拿它们来写作或教授门徒的人们,会像你和我一样粗野,动火开骂么?不,他们比我们聪明,会用手拍拍我们说:"斐德若,苏格拉底,有些人不通辩证术,因而无法下修辞术的定义,碰巧知道一些修辞术的初步,便自以为是修辞术的发明人;他们并且拿这些初步教人,以为教了这些,就算教了修辞术的精微奥妙,至于怎样运用每个方法来把话说得娓娓动听,怎样把它们安排成一个整体,他们却

---

①　阿德剌斯托斯是埃斯库罗斯的悲剧《七英雄攻忒拜》中的一个人物,以辞令著名;伯里克理斯是公元前 5 世纪雅典文化极盛时代的大政治家和大演说家。

以为无关宏旨，一字不提，让门徒们自己要写文章的时候自己
去设法；若是遇到这种人，你们不该动火开骂，应该宽容一
点。"你看他们是否会这样说？

斐　的确，苏格拉底，那批人在写作和传授中所谈的修辞术确是如
此，我想你所说的都是对的。但是真正能动听的修辞术从哪
里可以学得，如何可以学得呢？

苏　在修辞方面若想能做到完美，也就像在其他方面要做到完美
一样，或许——毋宁说，必然——要有三个条件：第一是天生
来就有语文的天才；其次是知识；第三是练习，你才可以成为
出色的修辞家。这三个条件如果缺一个，你就不能做到完美。
就修辞术是一个艺术来说，我想在莱什阿斯和特剌什马克所
走的路上却找不到真正的方法。

斐　在哪条路径上可以找到呢？

苏　在我看，在修辞术方面成就最高的要算伯里克理斯。

斐　请说明这个道理。

苏　凡是高一等的艺术，除掉本行所必有的训练以外，还需要对于
自然科学能讨论，能思辨；我想凡是思想既高超而表现又能完
美的人们都像是从自然科学学得门径。伯里克理斯的长处就
在此，除掉他的天才以外，他还有自然科学的训练。因为他从
阿那克萨哥拉①受过教，这位就是一位自然科学家，传授给伯
里克理斯一些玄奥的思想，引他穷究心物的本质。因此，伯里

---

①　阿那克萨哥拉是当时的哲学家，除伯里克理斯以外，悲剧家欧里庇得斯从他受
过教。

克理斯能够把这方面的训练应用到修辞术方面去。

斐　请再说明白一点。

苏　修辞术和医学恰是一样。

斐　这话怎样说？

苏　它们都要穷究自然。医学所穷究的是肉体，修辞术所穷究的是心灵，如果你不甘拘守经验陈规而要根据科学，在医学方面处方下药，来使肉体康强，在修辞术方面命意遣词，来使心灵得到所希冀的信念和美德。

斐　道理倒像是这样，苏格拉底。

苏　不知道全体宇宙的本质而想知道心灵的本质，你想这可能不可能？

斐　如果我们相信希波克刺特——他是从埃斯库勒普①传下来的——不穷究全体宇宙的本质，就连肉体的本质也无从知道。

苏　他说的好，斐德若，可是我们不能引他的话作证就算了事，还要追问理由，看他的话是否能自圆其说。

斐　不错。

苏　那么，看看关于自然，希波克刺特怎样说，真理又怎样说。无论什么事物，你若想穷究它的本质，是否要用这样方法？头一层，对于我们自己想精通又要教旁人精通的事物，先要研究它是纯一的还是杂多的；其次，如果这事物是纯一的，就要研究它的自然本质，它和其他事物发生什么样主动和被动的关系，向哪些事物发出什么样影响，从哪些事物受到什么样影响；

① 希波克刺特是当时名医。

　　如果这事物是杂多的,就要把杂多的分析成为若干纯一的,
　　再看每一个纯一的原素有什么样自然本质,向哪些事物发
　　生什么样影响,从哪些事物受到什么样影响,如上文关于纯
　　一事物所说的一样办。

斐　这方法可能是对的。

苏　有一点至少是确实的,不用这些研究的方法就不免像瞎子走
　　路。至于对任何事物做科学研究的人却不能拿盲聋来作比。
　　但显然地,修辞术的传授,若是按照科学方法,必须对于门徒
　　要向它说话的那对象的本质给一个精确的说明,而这对象无
　　疑地就是心灵。

斐　那是无可辩驳的。

苏　所以他的全副精力就要向着这个对象;他所要说服的实在就
　　是它,是不是?

斐　是。

苏　所以对于特剌什马克和其他把传授修辞术认真去做的人们来
　　说,首先要做的事显然是心灵的精确描绘,看看它在本质上是
　　纯一的,还是像肉体一样,是杂多的。我们说过,只有这样办,
　　才能见出一件事物的本质。

斐　的确。

苏　第二点,他们须说明心灵在哪方面是主动的,发生影响的,对
　　哪种事物发生什么样影响;在哪方面是被动的,承受影响的,
　　从哪种事物承受什么样影响。

斐　不错。

苏　第三点,他们须把文章的类别和心灵的类别以及它们的各别

的情况都条分缕析出来,然后列举它们之中的因果关系,定出某类与某类相应,因此显出某类文章适宜于某类心灵,某种原因会使某种文章对于某种心灵必能说服,对于另一种心灵必引起疑心。

斐　无论如何,他若是能做到这样,显然是再妙不过了。

苏　除此以外,就决没有其他说或写的方法,示范的文章也好,寻常的文章也好,这个题目也好,那个题目也好,方法就只有这一个。但是你所听说过的那班近代"修辞术"的著作者都是狡猾的骗子,尽管他们对于心灵懂得很清楚,却把它隐藏起来。除非他们按照我们所说的这个方法来说话写文章,别让我们相信他们有什么修辞术!

斐　你所谓"这个方法"是什么?

苏　仔细说倒不容易,但是一个人若想尽量按照艺术来写作,他应该走的大路我倒可以谈一谈。

斐　就请你谈下去。

苏　文章的功能既然在感动心灵,想做修辞家的人就必须知道心灵有哪些种类。这些种类的数目既不同,每种类的性质就不一致,因此,人的性格也就随人而异。这些区别既然厘定明白了,就要厘定文章的种类数目,每种也有每种的确定的性质。某种性格的人,受到某种性质的文章的影响,由于某种原因,必然引生某种信念。至于另样性格的人就不易被说服,虽然其他情况相同。在这些类别性质上费过足够的思索了,以后就要研究它们在实际运用上的情况,还要有锐敏的感觉力,知道随风转舵,临机应变,否则他对于此道所懂得的还不过是像

从前在学校所听的功课一样。等到他不但能够辨明某种人会
受某种文章说服了,而且碰到一个人,一眼就能看出他的性格
了,他就会这样向自己说:"我从前在老师的课本里所遇见那
种人,那种性格,就是他! 他在实际中出现在我的眼前了! 现
在我要用这种辞令,采这种方法,引起他起这种信念!"到了这
步功夫,我说,到了他掌握住这些知识,再加上能辨别哪时应
该说话,哪时应该缄默,哪时应该用简要格,悲剧格,愤怒格,
以及原先学过的一切风格,哪时不应该用,只有到了这步功
夫,他的艺术才算达到完美,否则就不能算。如果这些条件之
中缺了任何一个,无论是写作,是教学或是演讲,尽管他自以
为是按照艺术去做,听众不相信他,他就算是失败了。不过我
们的"修辞术"的著作者也许这样质问我们:"但是斐德若和苏
格拉底,这就是你们的唯一的修辞术吗? 是不是还可以承认
修辞术有另一个看法呢?"

斐　不可能有另一个看法,苏格拉底。不过你所说的这种修辞术
　　倒不是一件轻易事。

苏　你说的对,斐德若,正是因为这个理由,我们须要从各方面看
　　看所有的修辞理论,看其中有没有修辞术的较容易较短捷的
　　路径,免得我们去走一条漫长而艰难的路,徒劳而无功,而实
　　际上却有一条容易而短捷的路可走。你也许从莱什阿斯或旁
　　人那里听到过一些话,对我们可以有用处,请你设法回想
　　一下。

斐　如果有法可设,我当然要设法。不过现在我回想不起什么。

苏　那么,我把我从谈修辞术的先生们所听到的话重述一下,好

　　不好？

斐　好。

苏　至少我记得一句格言：豺狼也应该陈述它的理由①。

斐　不错，它有什么理由，你替它说一说看。

苏　那班谈修辞术的先生们说，在这类事情上用不着那样郑重其
　　事，也用不着兜大圈子找出原原本本。人们若想成为高明的
　　修辞术家，丝毫用不着管什么真理，正义，或善行，也用不着管
　　什么正义或善行是由于人的天性还是由于他的教育（这套话
　　我们在开始时就已经提到）。他们说，在法庭里人们对于这类
　　问题的真相是毫不关心的，人们所关心的只是怎样把话说得
　　动听。动听要靠逼真或自圆其说，要照艺术说话，就要把全副
　　精力摆在这上面。事实有时看来不逼真，你就不必照它实际
　　发生的情形来说，只要设法把它说得逼真，无论是辩护或是控
　　诉，都应该这样做。总之，无论你说什么，你首先应注意的是
　　逼真，是自圆其说，什么真理全不用你去管。全文遵守这个原
　　则，便是修辞术的全体大要了。②

斐　真的，以修辞术专家自命的人们所说的那一套话，你说得一字
　　不差，苏格拉底。我记得我们在这次讨论的开始，就已约略提
　　及这种原则了。从事于修辞术的人们都把它当作法宝。

苏　不过还有提西阿斯，是你反复研究过的，他所说的逼真除掉符
　　合群众意见以外，还有没有其他意义呢？

―――――――――――

　　①　意谓坏人的话也应该让它说出来。

　　②　这里所谓"逼真"就是上文所谓"近理"，与真理不同，只是看来像是真理。这套
话是诡辩家的法宝。

斐　真的,还有什么其他意义呢?

苏　我想他所发明的修辞术秘诀是这样:假想一个孱弱而勇猛的
人打倒了一个强壮而怯懦的人,剥去他的衣服或是抢去其他
东西,后来提到法庭受审,提西阿斯以为这两人都不该说真
话。那懦夫须先说明那勇汉打他的时候还有旁人帮凶,而那
勇汉却须先说明当时没有旁人在场,然后运用那"逼真"秘诀,
申辩说:"像我这样一个孱弱的人怎样能打他那样强壮的人
呢?"至于那原告咧,当然不能说他自己怯懦,须另扯一个谎,
而这个谎又恰好供给对方以反驳的论证。案情尽管不一样,
按照修辞术来申辩,程序总是一律如此。是不是这样,斐
德若?

斐　确实是那样。

苏　哼,这种法术真是深奥万分,而它的发明人也真是绝顶聪明,
不管他是提西阿斯或是另一个人,也不管他给这种法术什么
样名称。不过我们有没有话可以应付这种人呢,斐德若?

斐　什么样话?

苏　我们可以向他这样说:提西阿斯,在你还没有参加进来老早以
前,我们就已说过,你所夸口的"逼真"在群众心中发生影响,
是由于它类似真理;而我们后来也证明过,唯有明白真理的人
才最会看出真理的类似。因此,如果你对于修辞术还有旁的
话可说,我们倒愿领教;如果没有,我们就可维持我们刚才所
已说明的那番道理,这就是说,除非把听众的不同的性格区别
清楚,除非把事物按照性质分成种类,然后把个别事例归纳成
为一个普遍原则,除非能这样做,我们说,一个人对修辞术就

不能尽人力所能做到地去登峰造极。但是要想能这样做,就不能不吃辛苦,这种辛苦是哲人在所不辞的,为的倒不是想在言行上见好于世俗,而是想一言一行,都无愧于神明。提西阿斯,比你我较聪慧的人们都说,凡是有理性的人所要尽力讨好的不是奴隶同辈(除非是偶然破格),而是本身和祖先都善良的主人们。所以我们的路径纵然是漫长的,你也不必惊奇,因为我们的目标是伟大的境界,不是你所想的那种。不过就连你的那种目标要想达到,也还是以采取我们的办法为最妥善,像我们所已经证明的。

斐 你所说的那种境界倒是顶美,只要人可以达到的话。

苏 如果我们所追求的境界美,尽管遭遇到困难,这追求本身也还是美的?

斐 确是如此。

苏 关于修辞的艺术和不艺术,我们的话已说得很够了。

斐 够了。①

苏 还有一个问题,就是写作的适当与不适当,在哪种情形下才该写,哪种情形下不该写。

---

① 以上是论修辞术三大段中的第二大段。在这段里苏格拉底讨论修辞术究竟是不是一种艺术,以及它如何学习的问题。依希腊人的看法,每种"艺术"(我们宁可说"技艺")有一套专门技巧知识,学会了它就学会了那种艺术。诡辩家在他们的修辞学课本里也给了一些规矩。但是学会了这些规矩,不一定就能说话写文章,就如拾得几个医方不能当医生。可见诡辩家所传授的那一套并不能算修辞的艺术。要学修辞,不能走他们的那种捷径。首先须有适当的资裹,然后加以学问和练习。在学问方面,苏格拉底特别着重两种,一是科学,用科学方法去求事物的本质;一是心理学,看听众在心理上属于某种类型,就用与那种心理类型相应的某种文章或辞令去说服他们,感动他们。这些学问都需要长时期的辛苦的努力。

斐　是的。

苏　关于辞章，你知道在哪种情形下，一个人才可以取悦于神明呢？

斐　我全不知道，你知道么？

苏　至少我可以报告一个古代的传说。它真不真，只有古人知道；不过我们自己如果能发见真相，我们还要问人们从来怎样想吗？

斐　那就不必要了，不过请你把所听到的传说讲一讲。

苏　好。我听说在埃及的瑙克刺提斯附近，住着埃及的一个古神，他的徽帜鸟叫作白鹭①，他自己的名字是图提。他首先发明了数目，算术，几何和天文；棋骰也是他首创的，尤其重要的是他发明了文字。当时全埃及都受塔穆斯统治，他住在上埃及一个大城市，希腊人把它叫作埃及的忒拜。这城市的神叫作阿蒙。图提晋见了塔穆斯，把他的各种发明献给他看，向他建议要把它们推广到全埃及。那国王便问他每一种发明的用处，听到他的说明，觉得是好的就加以褒扬，觉得是坏的就加以贬斥。据说关于每一种发明，塔穆斯都向图提说了许多或褒或贬的话，细说是说不完的。不过轮到文字，图提说："大王，这件发明可以使埃及人受更多的教育，有更好的记忆力，它是医治教育和记忆力的良药！"国王回答说："多才多艺的图提，能发明一种技术是一个人，能权衡应用那种技术利弊的是另一个人。现在你是文字的父亲，由于笃爱儿子的缘故，把文

---

① 白鹭(Ibis)是古埃及的圣鸟。

字的功用恰恰说反了！你这个发明结果会使学会文字的人们善忘，因为他们就不再努力记忆了。他们就信任书文，只凭外在的符号再认，并非凭内的脑力回忆。所以你所发明的这剂药，只能医再认，不能医记忆。至于教育，你所拿给你的学生们的东西只是真实界的形似，而不是真实界的本身。因为借文字的帮助，他们可无须教练就可以吞下许多知识，好像无所不知，而实际上却一无所知。还不仅此，他们会讨人厌，因为自以为聪明而实在是不聪明。"

斐　苏格拉底，你真会编故事，说它是埃及的也好，说它是另一个奇怪的国家的也好，你都脱口而出！

苏　我的好朋友，多多那地方宙斯神庙里有一个传说，说最初的预言是从一棵橡树发出来的。这足见当时人没有你们近代年轻人聪明，在他们的天真之中，安心听一棵橡树或是一块石头，只要它的话是真理。但是你却不然，对于你最关重要的是说话人是谁，他是从哪国来的。至于他的话是否符合事实，还在其次。

斐　我承认你指责的对。关于文字问题，我相信那位忒拜人①说的对。

苏　所以自以为留下文字就留下专门知识的人，以及接受了这文字便以为它是确凿可靠的人，都太傻了，他们实在没有懂得阿蒙②的预测，以为文字还不只是一种工具，使人再认他所已经

---

① 忒拜人指埃及国王塔穆斯。

② 做预测的本是塔穆斯，阿蒙是埃及的神，这句话是说塔穆斯预测文字流弊时，凭阿蒙的灵感。

知道的。

斐　你说的顶对。

苏　文字写作有一个坏处在这里，斐德若，在这一点上它很像图
　　画。图画所描写的人物站在你面前，好像是活的，但是等到人
　　们向他们提出问题，他们却板着尊严的面孔，一言不发。写的
　　文章也是如此。你可以相信文字好像有知觉在说话，但是等
　　你想向它们请教，请它们把某句所说的话解释明白一点，它们
　　却只能复述原来的那同一套话。还有一层，一篇文章写出来
　　之后，就一手传一手，传到能懂的人们，也传到不能懂的人们，
　　它自己不知道它的话应该向谁说，和不应该向谁说。如果它
　　遭到误解或虐待，总得要它的作者来援助；它自己一个人却无
　　力辩护自己，也无力保卫自己。

斐　这话也顶对。

苏　此外是否还有另一种文章，和上述那种文章是弟兄而却是嫡
　　出的呢？我们来看看它是怎样生出来的，以及它在本质和效
　　力两方面比上述那种要强多少。

斐　你说的是哪种文章？依你看，它是怎样生出来的？

苏　我说的是写在学习者心灵中的那种有理解的文章，它是有力
　　保卫自己的，而且知道哪时宜于说话，哪时宜于缄默。

斐　你说的是哲人的文章，既有生命，又有灵魂。而文字不过是它
　　的影像，是不是？

苏　对极了，我说的就是那种。现在我请问你：如果一位聪明的农
　　人有了种子，是他所珍视的而且希望它们结实的，他是否趁大

　　热天把它们种在阿多尼斯的小花园①里,看它们到了第八天就
长得顶茂盛呢? 若是他这样做,是不是只因为逢到祭典,当作一
种娱乐来玩呢? 若是他认真耕种,他是否要应用园艺的知识,把
它们种在合宜的土壤里,安心等到第八月才看它们成熟呢?

斐　当然,苏格拉底,我相信他会像你所说的那样办,一种是认真
　　耕种,一种只是消遣。

苏　若是一个人有了关于真,善,美的知识,我们能说他对于他的
　　那种子的处理,反而不如农人聪明吗?

斐　当然不会。

苏　所以你得知道,他不会把那些知识写在水上,用笔墨做播种的
　　工具,借助于一种文字,既不能以语言替自己辩护,又不能很
　　正确地教人知道真理。

斐　他当然不会那样做。

苏　当然不会。这种小花园里的文章,如果他写的话,也只是为着
　　消遣;可是当他真正写作的时候到了,他就把所写的看作一种
　　备忘宝库,既防自己到了老年善忘,也备后来同路人的借鉴。
　　他会怡然自得地看着自己所耕种的草木抽芽发条。当旁人在
　　旁的消遣中找乐趣的时候——例如饮食征逐之类——他却宁
　　愿守着我刚才所说的那种消遣,他的毕生的消遣。

斐　你所说的这种消遣比起另外那种消遣就高尚多啦! 一个人能

---

　　①　阿多尼斯是一位美少年,女爱神阿佛洛狄忒爱他。打猎时他被野兽撞死,女爱
神甚哀恸,下界神们怜悯她,让阿多尼斯每年复活六个月。他象征植物的生死循环,古
代农业社会所以特别看重他的祭典。在这祭典中,农人用人工在盆里培养一些花木,
几天之内就茂盛起来,但死得也很快。

拿做文章来消遣,讨论正义和德行之类题目来度日,那是多么高尚的消遣!

苏　它是高尚的,亲爱的斐德若。但是我想还有一种消遣比这更高尚,就是找到一个相契合的心灵,运用辩证术来在那心灵中种下文章的种子,这种文章后面有真知识,既可以辩护自己,也可以辩护种植人,不是华而不实的,而是可以结果传种,在旁的心灵中生出许多文章,生生不息,使原来那种子永垂不朽,也使种子的主人享受到凡人所能享受的最高幸福。

斐　你所说的这种确是更高尚。

苏　斐德若,这一点既然确定了,我们可以解决从前所提的那些问题了。

斐　哪些问题呢?

苏　我们想把那些问题弄明白,才有这番讨论,才达到现在这一点,你忘记了吗?第一个是研究对于莱什阿斯写文章的指责对不对;其次是关于文章本身,怎样才算写得合艺术,怎样才不合艺术。关于合不合艺术的分别,我想我们已经弄得很明白了。

斐　我们原来已弄明白,不过请你再提醒我一下。

苏　作者对于所写所说的每个题目须先认明它的真正的本质,能把它下一个定义,再把它分析为种类,分到不可分为止;然后用同样方法去研究心灵的性格,找出某种文章宜于某种心灵;然后就依这种分类来草创润色所要做的文章,对象是简单的心灵,文章也就简单,对象是复杂的心灵,文章也就复杂;在他还没有做到这步功夫以前,他就不能尽量地按照艺术去处理文章,无论他的目的是在教学还是在说服。这就是前面辩论所得的结论。

斐　不错,我们所得的结论大致如此。

苏　其次,在哪些情形下写文章和口说文章是好事或是坏事,在哪些情形下写文章和口说文章才理应受指责,我们在上文所讨论的对这问题已弄明白了没有?

斐　弄明白了什么?

苏　就是说,莱什阿斯或是另一个人写过文章或是预备写文章,无论他站在私人的地位著作,或是站在国家官吏的地位制定法律,自以为所写作的都千真万确,在这种情形下他就理应受指责,无论人们确实指责过没有。因为一个人若是完全不能分别是非好坏,尽管他博得世俗的一致赞许,仍然不能逃去他所应得的指责。

斐　当然。

苏　还有另外一种人,他以为一篇写的文章,无论题目是什么,必然含有许多不严肃的东西;无论是诗是散文都值不得写,也值不得朗诵——像诵诗人朗诵他们的作品那样——如果它既不先经研讨,又非存心给人教益,而只是把说服作为唯一的目标;他以为这类文章最好的也不过是一种备忘录,让人回思他所已知道的东西;至于另外一类文章却是可以给人教益的,而且以给人教益为目标的,其实就是把真善美的东西写到读者心灵里去,只有这类文章才可以达到清晰完美,也才值得写,值得读;他以为这类文章才应该叫作他的儿女,他的嫡子,第一是因为是他创造的就是由他的心灵生育的;其次是因为他的种子在旁的心灵中所滋生的文章也还是他的嫡传;他只顾这类文章,此外他一律谢绝。像这样一个人,斐德若,就是你和我所要追攀的了。

斐　你所说的就是我的心事,我愿馨香祷祝我能成为这样一个人!

苏　修辞的问题给我们的消遣已足够了,斐德若,请你去告诉莱什阿斯,说我们俩走到了女神的河,一直走到她们的祭坛,女神们吩咐我们把所听到的话传给莱什阿斯以及凡是写文章的人们,传给荷马和凡是作诗的人们,无论他们的诗伴乐不伴乐,传给梭伦和凡是发表政论制定法律的人们,告诉他们说:“如果你们的著作是根据真理的知识写成的,到了需要审讯的时候,有能力替它们辩护,而且从你们所说的语言可以看出你们所写的著作比起它们来是渺乎其小的,你们就不应该用世人惯常称呼你们的那些名号,就应该用更高贵的名号,才符合你们的高贵的事业。”

斐　你给他们什样名号呢?

苏　称呼他们为“智慧者”我想未免过分一点,这名称只有神才当得起;可是称呼他们为“爱智者”或“哲人”①或类似的名目,倒和他们很相称,而且也比较好听些。

斐　倒很恰当。

苏　但是在另一方面,若是一个人所能摆出来的不过是他天天绞脑汁改而又改,补而又补的那些著作,你就只能称呼他们为诗人,文章作者,或是法规作者。

----

① 　现在所谓“哲学”在希腊文是 philosophia,由 philos(爱好)和 sophia(智慧)两字合成,所以“哲学家”的原义是“爱智者”。依希腊文原义,“哲学”不只是一种“学问”,也是一种“修行”。

斐　当然。①

苏　那么,你去把这话告诉你的朋友。

斐　你呢?你怎么办?我们也不应该忘记你的那位朋友。

苏　你指的是谁?

斐　漂亮的伊索克剌特②呀!你有什么话带给他呢?你想他是哪
　　一类人?

苏　伊索克剌特还很年轻,斐德若,可是我对于他的未来有一个预
　　测,倒不妨告诉你。

斐　预测他什么样?

苏　我看论天资的话,他比莱什阿斯要高出不知多少倍,而且在性
　　格上也比较高尚,所以等到他年纪渐长大了,他对于现在他已
　　着手练习的那种文章,若是叫前此一切作家都像小孩一样落
　　在后面,望尘莫及,那就毫不足为奇;并且他如果还不以这样
　　成就为满足,还要受一种更神明的感发,引到更高尚更神明的
　　境界,那也毫不足为奇;因为自然在这人心灵中已种下了哲学
　　或爱智的种子。这就是我要从此地神灵带给我的爱人伊索克

---

　　　①　以上是论修辞术三大段中的最后一段。在这段里苏格拉底讨论写的文章(书
籍)的限制和流弊。书籍使人不肯自己思索,强不知以为知,而且可以滋生误解。所以
大思想家不把自己的思想写在纸上,而把它写在心灵里,自己的心灵里和弟子们的心
灵里。所以依苏格拉底的看法,文章实在有三种,头一种是在心灵中孕育的思想,这是
一个作家的最伟大的一部分;其次是说出来的文章,还不失为活思想的活影像;最后是
写出来的文章,只是活思想的死影像。文字意本在传达,凭笔传不如凭口传和人格感
化。至于诡辩家的修辞伎俩是渺小不足道的。

　　　②　在结局里苏格拉底对伊索克剌特大加赞赏。这人是一个新兴的修辞家和诡辩
家,和莱什阿斯还是一样人物,所以这段赞赏颇引起怀疑。泰勒(A. E. Taylor)以为它
是诚恳的,罗本(Léon Robin)却以为它全是讽刺。

刺特的消息,你就把我刚才说的那个消息带给你的爱人莱什阿斯吧。

斐　就那么办吧。我们就此分手吧,大热已退了。

苏　在我们未走以前,要不要向本地神灵做一个祷告?

斐　当然。

苏　"啊,敬爱的牧神,以及本地一切神灵,请保佑我具有内在美,使我所有的身外物都能和内在物和谐。让我也相信智慧人的富足,让我的财产恰好够一个恬淡人所能携带的数量!"斐德若,我们还有旁的祈求么? 就我来说,我们祈祷的已经足够了。

斐　请替我也祈求同样的东西,朋友之中一切都应该是共同的。

苏　我们走吧。

根据 Léon Robin 参照 J. Wright 和 Jowett 译

附录

《斐德若篇》题解

朱光潜

公元前 5 世纪是希腊文化的大转变期，光辉灿烂的悲剧时期已渐过去，光辉灿烂的哲学时期才渐起来。在过渡之中诡辩家风起云涌。诡辩家大半是修辞家，算是徘徊于文学与哲学之间的。从文学看，他们是文学颓废期的学者，想把文学窄狭化到文法与修辞的伎俩，把生气蓬勃的东西肢解为规律公式，而他们所建立的规律公式又大半是琐屑零乱的。从哲学看，他们以思想为游戏，想在信口雌黄，颠倒是非上显聪明才智，不肯彻底深入，探求真理；但是他们的诡辩也刺激了人们的思想，引起激烈的辩论，对哲学的兴起也不为无功。他们是职业的学者，一方面像近代的律师，常替原告被告作控诉词和辩护词，一方面像近代的语文教授，开馆授徒，写修辞术教科书，做修辞的模范文，训练学生去做像他们自己那样的诡辩家。他们的生活资源就全靠这两种职业。

苏格拉底对这班诡辩家是深恶痛绝的，一方面因为他们大半同情民主党；一方面因为他们以学问为职业，加以商业化，没有寻求真理的高尚理想，在人格上是可鄙视的。这批诡辩家也敌视他，399 年苏格拉底以迷惑青年罪被雅典法庭处死，主要的控诉人就是一个诡辩家莱康（Lycon）。

柏拉图写这篇对话,依法国学者罗本和英国学者泰勒的研究,是在苏格拉底屈死之后,也就是说,在《会饮篇》和《理想国》两大对话之后。篇中攻击的对象莱什阿斯是一个诡辩家兼修辞家的代表,当时在雅典是赫赫有名的。对话人斐德若是一个诡辩家和修辞家的信徒,爱好学问而头脑简单,没有批判力。讨论的问题是修辞术怎样才是艺术,是否要从探讨真理出发。这正是当时哲学家与诡辩家所激烈争辩的一个中心问题。无疑地,柏拉图对诡辩家的讥嘲多少带有发泄对于老师屈死的忿恨的意味。

这篇对话的主题曾经引起长久的争论。从表面看,它显然分成两大部分,前半讨论爱情,顺带地谈到灵魂不朽的问题,后半讨论修辞术,进一步谈到探求真理的辩证术,即柏拉图心目中的哲学,好像前后漠不相关。实际上这篇对话的结构是非常紧凑细密的,而主题也实在只有一个,就是修辞术与辩证术的关系。前半包含三篇讨论爱情的文章,一篇是诡辩家莱什阿斯教修辞术的模范文,主题是爱人应该接受没有爱情的人,因为爱情有许多毛病——一个典型的颠倒是非的诡辩家的论调——一篇是苏格拉底采取这个诡辩家的主题,戏拟一篇在艺术上比原作较成功的文章;第三篇是苏格拉底的翻案文章,爱情的歌颂,文章不仅是文字的播弄——像头两篇那样——而是真理的表现,根据真理,头两篇文章便应根本推翻。爱情不是利害的打算或是肉欲的满足,而是由神灵凭附的迷狂,从人世间美的摹本窥见美的本体所起的爱慕,灵魂借以滋长的营养品。总之,它和哲学是一体的。下半篇转到修辞术即文章怎样才能做得好的问题,就以这三篇文章为实例,加以分析和说明。前半是经验事实,后半是由经验事实提高到原理。《斐德若篇》在文学批评史上可以说是最早的一篇分析作品的批评。

　　苏格拉底首先奠定了文学艺术的基本大原则：文章必须表现真理。这也就是中国儒家的"修辞立其诚"。诡辩派从头便错，他们所谓"修辞"是迎合听众的成见，强词夺理，淆乱是非，在小伎俩上显聪明，来博得观众的赞赏。由于不重视真理，他们不在探求事物本质上下功夫，所以思想条理紊乱，文章的布局不是思想的有系统的发展而是杂乱堆砌。苏格拉底要推翻这种流行的错误的修辞术，而建立一个根据真理表现真理的修辞术。无论讨论什么题目，先要定义正名，把所讨论的事物本质揭开，使参加讨论者和听众都有一个一致的目标，不致甲指的是马而乙指的是驴，各是其说而实在都是文不对题。所以在文章方面：

　　　　"头一个法则是统观全局，把和题目有关的纷纭散乱的事项统摄在一个普遍概念下面，得到一个精确的定义，使我们所要讨论的东西可以一目了然。"

　　这一步综合的功夫做到了，第二步便是分析。"顺自然的关节，把全体剖析成各个部分"，因此见出全体与部分，原则与事例，概念与现象的关系。这两步功夫合在一起就是"辩证术"（dialectic）。这就是真正的修辞术，此外别无所谓修辞术。

　　一般修辞术课本的作者们爱定下一些琐屑破碎的规矩，以为学者学得了这一套规矩，如法炮制，就可以做出好文章。苏格拉底以为这无异于拾得几个医方就去行医。依他看，离开寻求真理的辩证术，把文章只当作文章来教，是不可能的。文章作者要有三个条件。"第一是生来就有语文的天才;其次是知识;第三是训练"。苏格拉底看重"天才",所以处处说文学离不掉"灵感"或"迷狂"。在本篇谈爱情迷狂时他就说:

> "此外还有第三种迷狂,是由诗神凭附而来的。它凭附到一个温柔贞洁的心灵,感发它,引它到兴高采烈眉飞色舞的境界,流露于各种诗歌,颂赞古代英雄的丰功伟绩,垂为后世的教训。若是没有这种诗神的迷狂,无论谁去敲诗歌的门,他和他的作品都永远站在诗歌的门外,尽管他自己妄想单凭诗的艺术就可以成为一个诗人。"

所谓"诗的艺术"就是诗的"技巧",正是修辞家拿来教人的。苏格拉底以为修辞术本身是无可教的。如果要在知识学问方面下功夫的话,倒有两种学问是有裨益的。第一是自然科学:

> "凡是高一等的艺术,除掉本行所必有的训练以外,还需要对于自然科学能讨论,能思辨;我想凡是思想既高超而表现又能完美的人都像是从自然科学学得门径。伯里克理斯的长处就在此。"

所谓"本行所必有的训练"并非修辞家的琐碎规矩,而是他所提倡的"辩证术",其实就是哲学。问津于自然科学,正是取它的方法来充实辩证术。其次是近代所谓"心理学"。"修辞术所穷究的是心灵……命意遣词,使心灵得到所希冀的信念和美德"。心灵是有各种各样的,文章也是有各种各样的。作者应能了解哪一类文章宜于感动哪一类心灵,然后有的放矢。苏格拉底早就看出文学艺术与听众的重要关系,这是值得特别注意的。

　　在苏格拉底时代,除掉诗以外,还很少有写的文章(只有希罗多德的历史之类少数著作是写的散文),当时修辞术所研究的主要还是怎样说话,在法庭里辩护,在公共场所里演说,或是在私人集会里讨论。不过散文写作已经开始流行了,这要归功于诡辩派学者,尤其是本篇所攻击的莱什阿斯和伊索克剌特。当时还有人以为"文章写作"(Logographie)是一件不光荣的事。苏格拉底一方面以为它本身没有什么可耻,写得坏才可耻;一方面可也以为文字书籍有它的限制和流弊,它是哑口的,你不能和它对质;而且它养成思想的懒惰。它的最大功用不过是备忘。比它较胜的是口说的文章。但是最好的文章是哲学思想的孕育,不是写在纸上而是写在直接受教者的心灵里的。文章是人格的表现,一个作者永远比他的作品要伟大。

　　这篇对话和《会饮篇》可以看作姊妹篇,都是一般学者公认为柏拉图思想的精华。对话集所常讨论的主题如"理式","爱情","灵魂不朽","哲学修养","灵与肉的冲突"之类在这里都得到透辟的讨论。"苏格拉底式的辩证术"在这里也得到一个简要的说明。